BUDDHISTISCHE TRIGLOTTE
D.H.
SANSKRIT - TIBETISCH - MONGOLISCHES WORTERVERZEICHNISS

D1878682

BUDDHISTISCHE TRIGLOTTE
D.H.
SANSKRIT - TIBETISCH - MONGOLISCHES WORTERVERZEICHNISS

GEDRUCKT
MIT DEN AUS DEM NACHLASS DES BARONS SCHILLING VON CANSTADT STAMMENDEN HOLZTAFELN
UND
MIT EINEM KURZEN VORWORT VERSEHEN

A. SCHIEFNER

GYAN

Published by

Gyan Publishing House 5, Ansari Road, Daryaganj, New Delhi-110002 Phone: 011-47034999, 9811692060, E-mail: books@gyanbooks.com

Distribution Network

gyanbooks.com

India, USA, Canada, UK, Australia, France

© Publisher

All rights reserved. No part of this work may be reproduced, stored, adapted, or transmitted in any form or by any means, electronic, mechanical, photocopying, micro-filming, recording or otherwise, or translated in any language, without the prior written permission of the copyright owner and the publisher.

ISBN : 978-81-212-4255-4 (PB)

First Published, 1859

2nd Impression 2020, *Printed at:* Gyan Press, Delhi.

The book is sold subject to the condition that it shall not, by way of trade or otherwise, be lent, resold, hired out, or otherwise circulated without the prior publisher's written consent.

The book at your disposal is the edition of an old book originally published long back. The Text quality of this book may not be at par as compared to our other books but many readers approached us to reprint this important book so that it could satiate their hunger. We request all the readers of this book to help us to improve its quality by providing the necessary text of those pages which are not properly visible. Your valuable support in this case will be highly appreciated and acknowledged and our future readers will be benefitted immensely.

BUDDHISTISCHE TRIGLOTTE,

D. H.

SANSKRIT-TIBETISCH-MONGOLISCHES WÖRTERVERZEICHNISS,

GEDRUCKT

MIT DEN AUS DEM NACHLASS DES BARONS SCHILLING VON CANSTADT STAMMENDEN HOLZTAFELN

UND

MIT EINEM KURZEN VORWORT VERSEHEN

VON

A. SCHIEFNER.

St. Petersburg, 1859.

Buchdruckerei der Kaiserlichen Akademie der Wissenschaften.

Zu haben bei den Commissionären der Akademie: *Eggers & Comp.* in St. Petersburg, *Samuel Schmidt* in Riga, *Leopold Voss* in Leipzig.

WILLIAMS AND NORGATE,

14, HENRIETTA STREET, COVENT GARDEN, LONDON;

AND 20, SOUTH FREDERICK STREET, EDINBURGH.

Vorwort.

Von der grössten Wichtigkeit für die buddhistische Terminologie ist das im *Tandjur* befindliche grosse sanskrit-tibetische Wörterbuch *Mahâvjutpatti*, über welches ich die erste Nachricht im Jahre 1848 im *Bulletin histor.-philol. T. V, N° 10*, S. 147 mitgetheilt und später Prof. Wassiljew in seinem Aufsatz über die auf den Buddhismus bezüglichen Werke der Universitäts-Bibliothek zu Kasan (im *Bulletin histor.-philol. T. XI*, S. 362 folg. = *Mélanges asiat. T. II*, S. 382 folg.) ausführlicher gehandelt hat. Namentlich giebt er an dem letzgenannten Orte Nachricht über eine jetzt der St. Petersburger Universitäts-Bibliothek zugehörige Handschrift, welche ausser der tibetischen Übersetzung auch noch eine chinesische und mongolische darbietet, über deren Charakter er sich näher ausspricht. Diese Handschrift ist indessen schon von dem grossen Sinologen des Auslandes, dem Hrn. Stanislas Julien in Paris, benutzt und in den *Mémoires sur les contrées occidentales.... par Hiouen-thsang* an mehreren Stellen citirt worden; vgl. die Vorrede zum ersten Bande S. XXI f. Die in diesem Wörterbuche vorkommenden buddhistischen Wörter werden auch dem grössten Theil nach, soweit man für ihre Correktheit stehen kann, in dem von Böhtlingk und Roth herausgegebenen Sanskrit-Wörterbuche verzeichnet.

Ehe uns dieses schätzbare Werk vorlag, war nur ein dürftiger Auszug aus demselben bekannt, über welchen zuerst Abel-Rémusat eine Nachricht gab in dem Aufsatze «*Sur un vocabulaire philosophique en cinq langues, imprimé à Peking*», welchen er in seinen *Mélanges asiatiques T. I, p.* 153—183 abgedruckt hat. Nach dem Vorwort zu *Foe koue ki* S. XIX hatte er die Übersetzung dieses Wörterbuchs, das auf Befehl des Kaisers *Khien lung*, nach einer Mittheilung des Hrn. Professors Wassiljew. von dem *Tschangtscha-Chutuktu* zu Peking verfasst worden ist, und auch den Titel *'u ye ho pie tsi yao* «Sammlung der vorzüglichsten (buddhistischen) Ausdrücke in fünfsprachiger Zusammenstellung» führen soll, bereits im Jahre 1812 vollendet, gedachte aber später in Gemeinschaft mit dem Begründer der wissenschaftlichen Erforschung des Buddhismus, Eugène Burnouf, einen Commentar zu diesem Werke herauszugeben, an welchem Vorhaben er durch seinen frühzeitigen Tod verhindert wurde. Sehen wir von allen Mängeln ab, welche jener von ihm veröffentlichte Aufsatz zum Theil durch die uncorrekte Beschaffenheit der tibetisch transcribirten Sanskrit-Wörter, theils auch bei dem damaligen Standpunkt der buddhistischen so wie der sprachlichen Studien haben musste, so dürfen wir nicht in Abrede stellen, dass dieses fünfsprachige Wörterbuch, welches unter dem Namen *Vocabulaire pentaglotte* nicht allein in dem Commentar zum *Foe koue ki* recht häufig citirt, sondern auch von Burnouf in der *Introduction à l'histoire du Buddhisme indien* (namentlich S. 101, 603 — 608, 625 ff.) und häufiger in dem nach seinem Tode herausgegebenen Werke *Le lotus de la bonne loi* berücksichtigt und auch von Stanislas Julien a. a. O. S. 99 und 367 angeführt wird, in mehr als einer Hinsicht ein historisches Interesse hat. Die Zahl der nach Europa gelangten Exemplare scheint jedoch die Fünfzahl nicht überschritten zu haben, denn ausser den von Abel-Rémusat in den *Mélanges asiatiques T. I, p.* 153 erwähnten drei Exemplaren besass das Asiatische Museum unserer Akademie der Wissenschaften zwei Exemplare, von denen das eine in den Besitz des Hrn. Stanislas Julien übergegangen ist.

Mit dem übrigen an die Akademie der Wissenschaften übergegangenen Nachlass des Barons Schilling von Canstadt erhielt das Asiatische Museum auch 72 Holzplatten, auf denen die 71 Capitel der genannten Pentaglotte mit Weglassung des Mandshu und Chinesischen, im Sanskrit nebst tibetischer und mongolischer Übersetzung geschnitten waren. Höchst wahrscheinlich hat der Baron Schilling diese Arbeit von den in diesen Stücken

sehr gewandten Burjäten, welche er in seiner Umgebung hatte, ausführen lassen. Auch scheint er einige Abdrücke dieser Holzplatten vertheilt zu haben, weil es nur so zu erklären ist, wie es von Prof. Kowalewski unter den Quellen zu seinem mongolischen Wörterbuch S. XII angeführt werden konnte. Er giebt dem Werke dort den Titel: *San, Sifan, Man, Meng tsi yao ou recueil des mots sanskrits, tibétains et mongols, reimprimé par M. le Baron Paul Schilling de Canstadt.* Bald nach der durch Böhtlingk und Schmidt bewerkstelligten Katalogisirung der tibetischen Handschriften und Holzdrucke des Asiatischen Museums wurden von den genannten Holztafeln eine Anzahl von Abzügen in der Druckerei der Akademie veranstaltet und vor der Hand nur in einigen Exemplaren, deren ich eins schon im Jahre 1848 bei meiner Recension des Foucaux'schen Textes des *Rgya tch'er rol pa* (im *Bulletin histor.-philol. T. V, N*° 10. 11) benutzen konnte, vertheilt. Neuerdings ist von der Akademie der Vorschlag genehmigt worden die noch vorräthigen Abzüge dem Verkehr zu übergeben, weil sich voraussehen lässt, dass trotz aller Fehler, welche die Triglotte mit der Pentaglotte theilt, ihr Besitz denjenigen, welche sich für buddhistische Forschung interessiren, nicht unerwünscht sein dürfte. Das beigegebene Register der tibetischen Capitelübersichten, denen eine entsprechende deutsche Übersetzung beigefügt ist, dürfte die Orientirung erleichtern.

St. Petersburg, den 25. Mai (6. Juni) 1859.

A. Schiefner.

Inhalt

15. རྣམ་ཐར་གསུམ་གྱི་མིང་ལ	Blatt 12*. Die 3 Befreiungen.
16. ཤེས་རབ་གསུམ་གྱི་མིང་ལ	» » Die 3 Arten des Wissens.
17. བསྡུ་དངོས་བཞིའི་མིང་ལ	» » Die 4 Gegenstände der Ansammlung (saṁgrahavastu).
18. སྟོང་པ་བཅོ་བརྒྱད་ཀྱི་མིང་ལ	» 13. Die 28 Leerheiten.
19. རང་རྒྱལ་གྱི་མིང་ལ	» 13*. Die Prajekabuddha's.
20. ཉན་ཐོས་ཀྱི་གང་ཟག་གི་མིང་ལ	» » Die Person der Çrâvaka's.
21. ཉན་ཐོས་ཀྱི་མིང་ལ	» 14. Namen der Çrâvaka's.
22. རྟེན་འབྲེལ་བཅུ་གཉིས་ཀྱི་མིང་ལ	» 14*. Die 12 Nidâna's.
23. བདེན་པ་བཞིའི་རྣམ་པ་བཅུ་དྲུག་གི་མིང་ལ	» 15. Die 16 Arten der 4 Wahrheiten.
24. བསླབ་པ་གསུམ་གྱི་མིང་ལ	» 15*. Die 3 Übungen.

III.

25. བྱང་ཆུབ་ཕྱོགས་ཀྱི་ཆོས་སོ་བདུན་ལས་དྲན་པ་ཉེ་བར་བཞག་པ་བཞིའི་མིང་ལ	Blatt 15*. Die 4 Handlungen des Gedächtnisses (Smṛtjupasthâna) aus der Zahl der mit der Bodhi verknüpften Bedingungen (bhodipakshikadharma).
26. ཡང་དག་པར་སྤོང་བ་བཞིའི་མིང་ལ	» 16. Die 4 vollkommnen Entsagungen (samjakprahâna).
27. རྫུ་འཕྲུལ་གྱི་རྐང་པ་བཞིའི་མིང་ལ	» 17. Die 4 Grundlagen der Wunderkraft (Ṛddhipâda).
28. དབང་པོ་ལྔའི་མིང་ལ	» 17*. Die 5 Organe.
29. སྟོབས་ལྔའི་མིང་ལ	» » Die 5 Kräfte (bala).
30. བྱང་ཆུབ་ཡན་ལག་བདུན་གྱི་མིང་ལ	» 18. Die 7 Glieder der Bodhi (bodhjanga).
31. འཕགས་པ་ལམ་ཡན་ལག་བརྒྱད་ཀྱི་མིང་ལ	» 18*. Die 8 Glieder des erhabenen Weges (ârjamârga).
32. བསམ་གཏན་གཉིས་ཀྱི་མིང་ལ	» » Die 2 Arten der Beschauung (dhjâna).
33. ཕུང་པོ་ལྔའི་མིང་ལ	» 19. Die 5 Skandha's.

34. དབང་པོ་ལྔའི་མིང་ལ	Blatt 19. Die 5 Sinnesorgane (indrija).
35. ཡུལ་ལྔའི་མིང་ལ	» » Die 5 Objecte.
36. རིག་གནས་ལྔའི་མིང་ལ	» 19*. Die 5 Wissenschaften.
37. འཕགས་ནོར་བདུན་གྱི་མིང་ལ	» » Die 7 erhabenen Edelsteine.
38. བྱིན་བརླབས་བཞིའི་མིང་ལ	» » Die 4 Arten des Segens.
39. གང་ཟག་གི་མིང་ལ	» 20. Die Personen (Pudgala).
40. མཚན་ཉིད་གསུམ་གྱི་མིང་ལ	» » Die 3 Merkmale.
41. བསོད་ནམས་བསྡུ་བ་བཞིའི་མིང་ལ	» 20*. Die 4 Ansammlungen des Verdienstes.
42. སྟོང་པ་ཉིད་ཀྱི་མིང་ལ	» » Die Leere.
43. གསུང་རབ་ཀྱི་མིང་ལ	» 21. Die Hauptwerke.

44. གསུང་རབ་ཡན་ལག་བཅུ་གཉིས་ཀྱི་མིང་ལ	Blatt 22. Die 12 Glieder der Hauptwerke.
45. སྦྱངས་པའི་ཡོན་ཏན་བཅུ་གཉིས་ཀྱི་མིང་ལ	» 22*. Die 12 Tugenden des Geläuterten.
46. འཇིག་རྟེན་གྱི་མིང་ལ	» 23. Die Welt.
47. གླིང་བཞི་པའི་མིང་ལ	» » Die 4 Dvîpa's.
48. ཁམས་གསུམ་གྱི་མིང་ལ	» 23*. Die 3 Dhatu's.
49. འདོད་ལྷ་དྲུག་གི་མིང་ལ	» » Die 6 Kâmadeva's.
50. བསམ་གཏན་དང་པོའི་ལྷ་གསུམ་ནི	» 24. Die 3 Götter(arten) des ersten Dhjâna.
51. བསམ་གཏན་གཉིས་པའི་ལྷ་གསུམ་ནི	» » Die 3 Götter(arten) des zweiten Dhjâna.
52. བསམ་གཏན་གསུམ་པའི་ལྷ་གསུམ་ནི	» » Die 3 Götter(arten) des dritten Dhjâna.
53. བསམ་གཏན་བཞི་པའི་ལྷ་དགུ་ནི	» 24*. Die 9 Götter des vierten Dhjâna.

54. གཟུགས་མེད་པ་བཞི་ནི	Blatt 24*. Die 4 Gestaltlosen.
55. འབྱུང་བ་བཞིའི་མིང་ལ	» 25. Die 4 Dhâtu's.
56. རྩ་བའི་ཁ་དོག་བཞིའི་མིང་ལ	» » Die 4 Grundfarben.
57. ཡན་ལག་གི་ཁ་དོག་བརྒྱད་ཀྱི་མིང་ལ	» » Die 8 Gliederfarben.
58. དབྱིབས་ཀྱི་གཟུགས་དགུའི་མིང་ལ	» 25*. Die 9 Körpergestalten.
59. དྲི་བཞིའི་མིང་ལ	» » Die 4 Gerüche.
60. རོ་དྲུག་གི་མིང་ལ	» 26. Die 6 Geschmacksarten.
61. རེག་བྱ་བདུན་གྱི་མིང་ལ	» » Die 7 Gefühlsarten.
62. སྐྱེས་གནས་བཞིའི་མིང་ལ	» 26*. Die 4 Arten der Geburt.

63. མིའི་རིམ་པའི་མིང་ལ	Blatt 26*. Menschenclassen.
64. ཕ་མ་གཉེན་འཕྱེས་ཀྱི་མིང་ལ	» 31. Vater, Mutter und Verwandte.
65. ལུས་ཀྱི་ཡན་ལག་གི་མིང་ལ	» 32. Glieder des Körpers.
66. མི་ཁོམ་པ་བརྒྱད་ཀྱི་མིང་ལ	» 34*. Die 8 unangenehmen Dinge.
67. རྩ་ཉོན་དྲུག་གི་མིང་ལ	» » Die 6 Hauptmängel.
68. ཉེ་ཉོན་ཉི་ཤུའི་མིང་ལ	» 35. Die 20 Nebenmängel.
69. ཕྱོགས་མཚམས་ཀྱི་མིང་ལ	» » Die Weltgegenden.
70. ཆེ་ཆུང་དང་མཐོ་དམན་གྱི་མིང་ལ	» 36. Gross und klein und hoch und niedrig.
71. དགེ་བ་དང་ཤིས་པའི་མིང་ལ	» 37. Glück und Segen.

ཤཱཀྱ་ཐུབ་པ་ལ་ན་མོ།

༄༅། །བྷྲཱུྃ༔ ཛྙཱ་ག་ཛྙཱ་ཏ། ཏཐཱ་ག་ཏ༔

སངས་རྒྱས་ཀྱི་མཚན་གྱི་མི་དབང་ལ། སངས་རྒྱས། བཅོམ་ལྡན་འདས། དེ་བཞིན་གཤེགས་པ།

བྱམས་པ་ལ་ན་མོ།

༄༅། ། ཨརྷ་ཏ་ སམྱཀ་སཾ་བུདྡྷ།

༄། །དགྲ་བཅོམ་པ། ཡང་དག་པར་རྫོགས་པའི་སངས་རྒྱས །

ᠳᠠᠶᠢᠨ ᠢ ᠳᠠᠷᠤᠭᠰᠠᠨ ᠦᠨᠡᠨ ᠲᠡᠭᠦᠰ ᠲᠤᠭᠤᠯᠤᠭᠰᠠᠨ ᠪᠤᠷᠬᠠᠨ

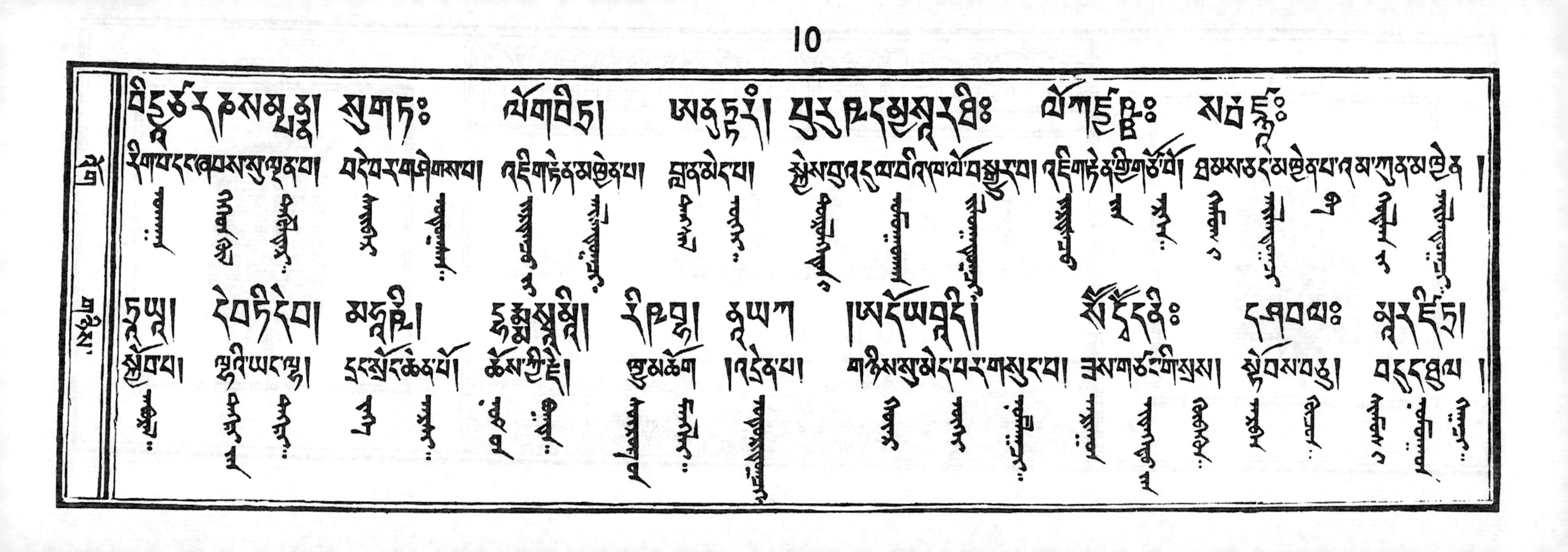

བིདྱཱཙརཎསམྤནྣ། སུགཏཿ ལོཀབིཏ྄། ཨནུཏྟརཿ། པུརུཥདམྱསཱརཐིཿ ལོཀཛྱེཥྛཿ སརྦཛྙཿ

རིག་པ་དང་ཞབས་སུ་ལྡན་པ། བདེ་བར་གཤེགས་པ། འཇིག་རྟེན་མཁྱེན་པ། བླ་ན་མེད་པ། སྐྱེས་བུ་འདུལ་བ་ཁ་ལོ་སྒྱུར་བ། འཇིག་རྟེན་གྱི་གཙོ་བོ། ཐམས་ཅད་མཁྱེན་པ་འམ་ཀུན་མཁྱེན །

ཛིན། དེབཱཏིདེབ། མཧཱརྵི། དྷརྨསྭཱམཱི། ཪིཥབྷ། ནཱཡཀ །ཨདྭཡབཱདཱི། ཤཽདྡྷོདནིཿ དཤབལཿ མཱརཇིཏ྄།

རྒྱལ་བ། ལྷའི་ཡང་ལྷ། དྲང་སྲོང་ཆེན་པོ། ཆོས་ཀྱི་རྗེ། ཁྱུ་མཆོག །འདྲེན་པ། གཉིས་སུ་མེད་པར་གསུང་བ། ཟས་གཙང་གི་སྲས། སྟོབས་བཅུ། བདུད་ཐུལ །

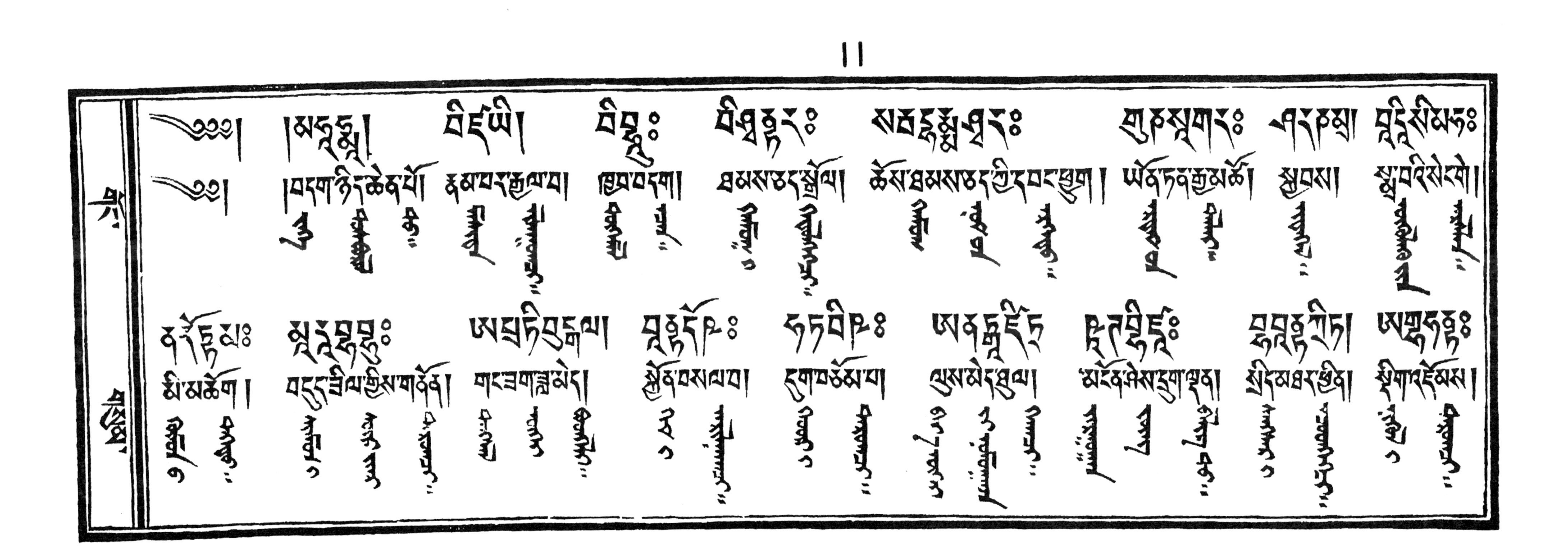

༄༅། ། |མ་ཧཱཏྨཱ། བི་ཧཱ་ཡི། བི་བྷུཿ བི་ཤྭ་ཏྲཱ་ཎཿ སརྦ་དྷརྨེ་ཤྭ་རཿ གུ་ཎ་སཱ་ག་རཿ ཤ་ར་ཎྱཱ། བཱ་དི་སིཾ་ཧཿ

༄། |བདག་ཉིད་ཆེན་པོ། ནམ་མཁར་རྒྱལ་བ། ཁྱབ་བདག ཐམས་ཅད་སྐྱོབ་པ། ཆོས་ཐམས་ཅད་ཀྱི་དབང་ཕྱུག ཡོན་ཏན་རྒྱ་མཚོ། སྐྱབས། སྨྲ་བའི་སེང་གེ།

ན་རོཏྟ་མཿ མཱ་རཱ་བྷི་བྷཱུཿ ཨ་པུ་ད་ག་ལ་ནི་རཱ་ཤ། ཀྲྀ་ཏ་ཀྲྀ་ཏྱཿ ཨརྷན། ཨ་ན་ངྒ་ཀཱ་ཡ། ཥཌ་བྷི་ཛྙཿ བྷ་བཱནྟ་ཀྲྀཏ། ར་ཏྣ་པཱ་ཎིཿ

མི་མཆོག། བདུད་ཟིལ་གྱིས་གནོན། གང་ཟག་ཉམས་མེད། སྨིན་བས་པ་བ། དགྲ་བཅོམ་པ། ལུས་མེད་ཕྱུལ། མངོན་ཤེས་དྲུག་ལྡན། སྲིད་མཐར་ཕྱིན། ཕྱིག་འདོམས།

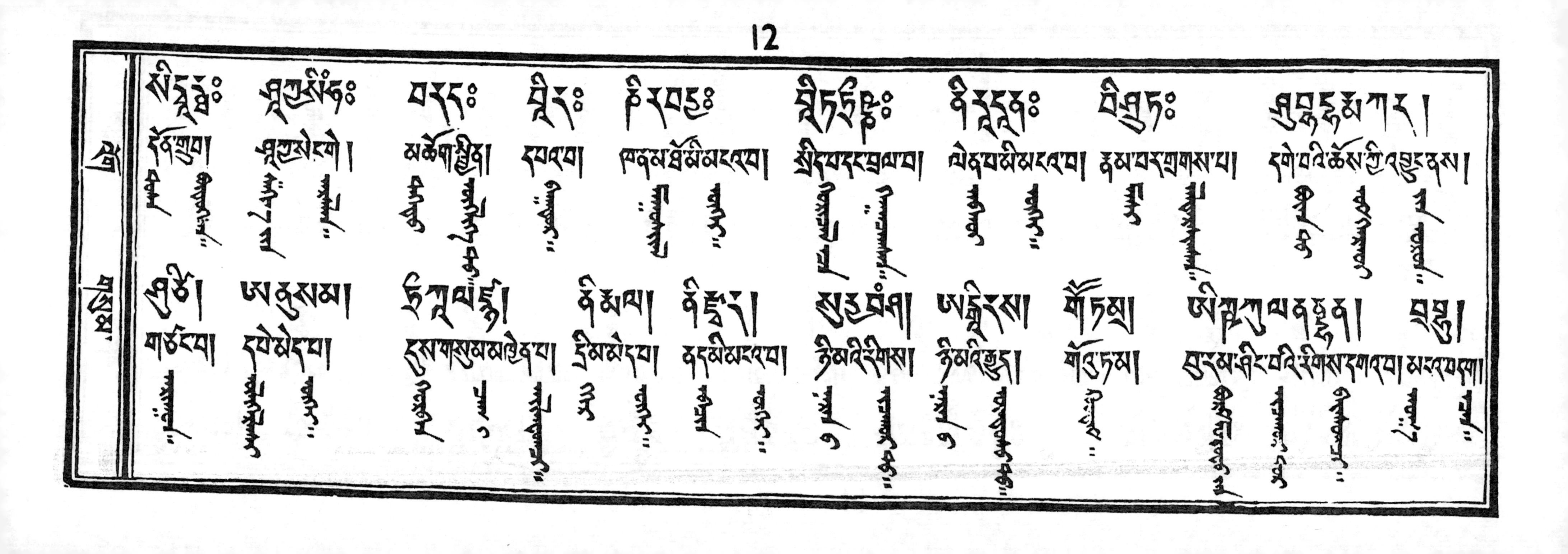

ལྷ།

སིདྡྷཱརྠཿ ཤཱཀྱསིཾཧཿ ཝརདཿ ཝཱིརཿ ནིརཝདྱཿ སྲིདཏྟཿ ནིརྣྣཿ ཝིཤྲུཏཿ ཤུབྷདྷརྨཱཀར།

དོན་གྲུབ། ཤཱཀྱ་སེང་གེ། མཆོག་སྦྱིན། དཔའ་བ། ཁ་ན་མ་ཐོ་བ་མི་མངའ་བ། སྲིད་པ་ལས་རྒྱལ་བ། ལེན་པ་མི་མངའ་བ། རྣམ་པར་གྲགས་པ། དགེ་བའི་ཆོས་ཀྱི་འབྱུང་གནས།

ལྷ་སྤྱོད།

ཤུཙི། ཨནུཔམ། ཏྲིཀཱལཛྙ། ནིརྨལ། ནིརྡྭནྡ། སཱུརྱབཾཤ། ཨཾགིརས། གཽཏམ། ཨིཀྵྭཱཀུལནནྡན། བུདྡྷ།

གཙང་བ། དཔེ་མེད་པ། དུས་གསུམ་མཁྱེན་པ། དྲི་མ་མེད་པ། འདར་མི་མངའ་བ། ཉི་མའི་རིགས། ཉི་མའི་འབྱུང་། གོའུ་ཏ་མ། བུ་རམ་ཤིང་པའི་རིགས་དགའ་བ། མང་ཡལ་ཀྱ།

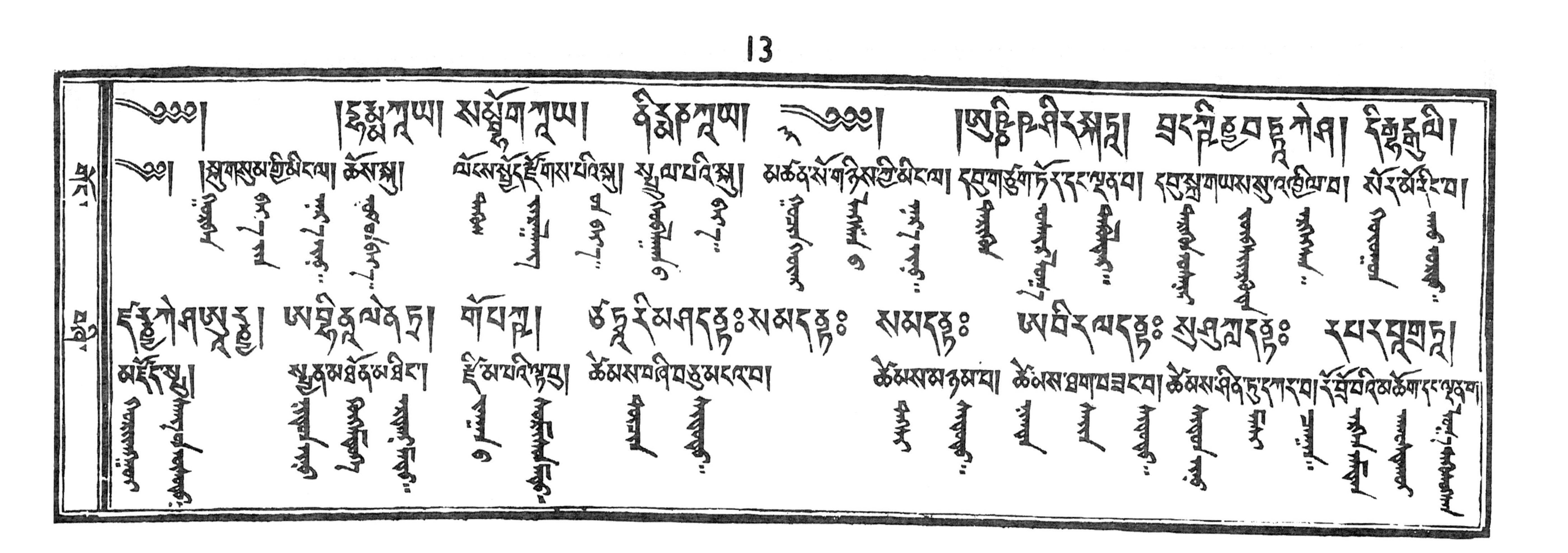

༄༅། །སྐུ་གསུམ་གྱི་མིང་ལ། ཆོས་སྐུ། ལོངས་སྤྱོད་རྫོགས་པའི་སྐུ། སྤྲུལ་པའི་སྐུ། མཚན་སོ་གཉིས་ཀྱི་མིང་ལ། དབུ་གཙུག་ཏོར་དང་ལྡན་པ། དབུ་སྐྲ་གཡས་སུ་འཁྱིལ་བ། སོ་དམ་ཞིང་བ།

མཛོད་སྤུ། སྐུ་ཉམས་ཐོགས་མ་ཐིང་། ཞི་མ་པའི་སྣང་བ། ཆོས་སེམས་བཞི་བཅུ་མངའ་བ། ཆོས་སེམས་མཉམ་པ། ཆོས་ལས་ཐག་བཟང་བ། ཆོས་སེམས་ཤིན་ཏུ་དཀར་བ། རོ་མྱོང་བའི་མཆོག་དང་ལྡན་པ།

སིཾ་ཧ་ཧ་ནུ། པྲ་བྷཱུ་ཏ་ཛི་ཧྭཿ བྲཧྨ་སྭ་རཿ སུ་སཾ་བྲྀ་ཏ་སྐནྡྷཿ ས་པྟོཏྶ་དཿ ཙི་ཏཱནྟ་རཾ་ས། སཱུཀྵྨ་ཚ་བིཿ སུ་ཝརྞ་ཚ་བིཿ

འགྲམ་པ་སེང་གེ་འདྲ་བ། ལྗགས་ཤིན་ཏུ་རིང་ཞིང་སྲབ་པ། ཚངས་པའི་དབྱངས། དཔུང་མགོ་ཤིན་ཏུ་ཟླུམ་པ། མཐོ་བ་བདུན་པ། ཐལ་གོང་རྒྱས་པ། ལྤགས་པ་སྲབ་པ། གསེར་མདོག་འདྲ་བ།

སིཾ་ཧ་པཱུརྦཱརྡྷ་ཀཱ་ཡཿ ནྱ་གྲོ་དྷ་པ་རི་མཎྜ་ལ། ཨེ་ཀཻ་ཀ་རོ་མ་པྲ་ད་ཀྵི་ཎཱ་བརྟཿ ཨཱུརྡྷྭཱ་གྲ་རོ་མ། ཀོ་ཤོ་པ་ག་ཏ་བསྟི་གུ་ཧྱཿ སུ་བ་རྟི་ཏོ་རུ།

རོ་སྟོད་སེང་གེ་འདྲ་བ། ཤིང་ནྱ་གྲོ་དྷ་ལྟར་ཆུ་ཞེང་གབ་པ། སྤུ་རེ་རེ་ནས་སྐྱེས་ཤིང་གཡས་ཕྱོགས་སུ་འཁྱིལ་བ། སྤུའི་རྩེ་གྱེན་དུ་ཕྱོགས་པ། འདོམས་ཀྱི་སྦ་བ་སྦུབས་སུ་ནུབ་པ། བརླ་ལེགས་པར་ཟླུམ་པ།

༄༅༅། །ཨུཙྪཾ་ཁ་པཱ་དཿ མྲྀ་དུ་ཏ་རུ་ཎ་ཧ་སྟ་པཱ་ད་ཏ་ལཱ། ཛཱ་ལཱ་ཝ་ན་དྡྷ་ཧ་སྟ་པཱ་ད། ཙཀྲཱ་ངྐི་ཏ་ཧ་སྟ་པཱ་ད་ཏ་ལཱ།

༄༅། །ཞབས་བོལ་གྱི་ལྷ་ངའི་ཚིགས་སུ་མི་མཐོང་བ། ཕྱག་དང་ཞབས་ཀྱི་མཐིལ་འཇམ་ཞིང་གཞོན་ཤ་ཆགས་པ། ཕྱག་དང་ཞབས་སོར་དྲྭ་བས་འབྲེལ་བ། ཕྱག་དང་ཞབས་ཀྱི་མཐིལ་འཁོར་ལོས་མཚན་པ།

སུ་པྲ་ཏི་ཥྛི་ཏ་པཱ་དཿ ཨཱ་ཡ་ཏ་པཱ་ད་པཱརྵྞིཿ ཨཻ་ཎེ་ཡ་ཛཾ་གྷཿ ༄༅། །ཨ་ནུ་ཏཱམྲ་ན་ཁཿ སྣིགྡྷ་ན་ཁཿ ཏུངྒ་ན་ཁཿ

ཞབས་ཤིན་ཏུ་གནས་པ། ཞབས་ཀྱི་རྟིང་པ་ཡངས་པ། བྱིན་པ་རི་དྭགས་ཨེ་ན་ཡའི་ལྟ་བུ། དཔེ་བྱད་བརྒྱད་ཅུའི་མིང་ལ། སེན་མོ་ཟངས་ཀྱི་མདོག་ལྟ་བུ། སེན་མོ་མདོག་སྣུམ་པ། སེན་མོ་མཐོ་བ།

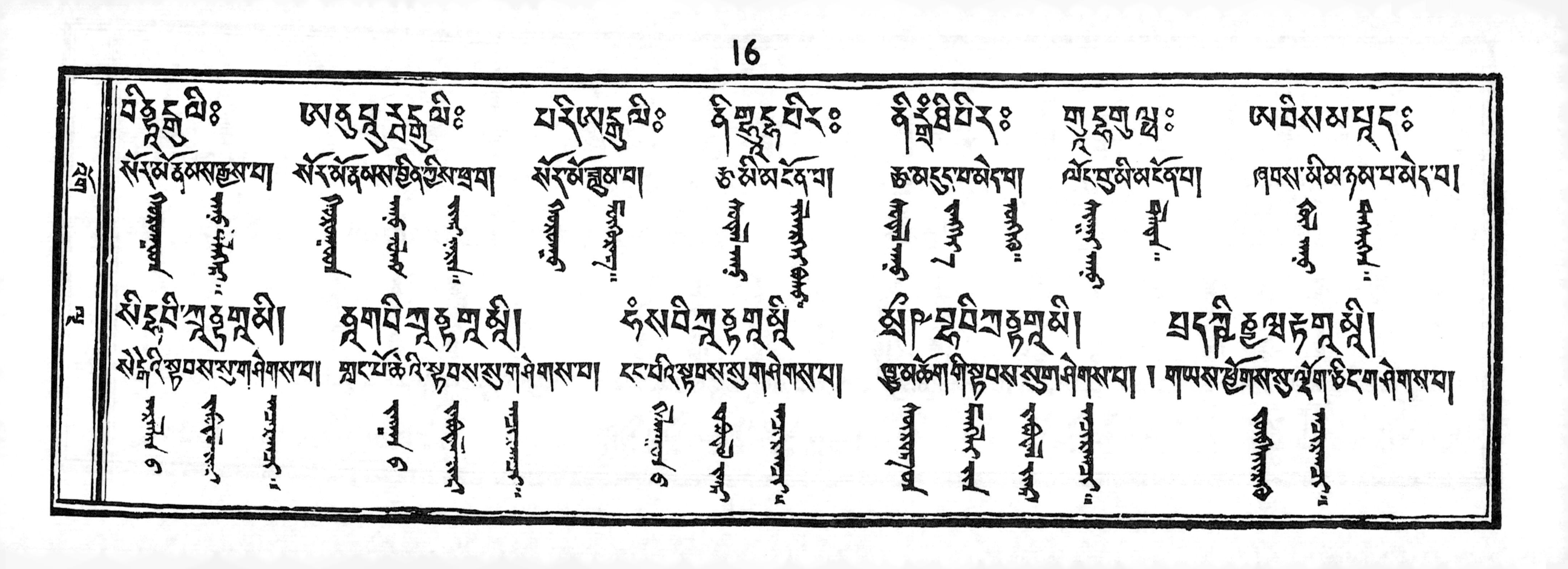

ཁྲི

ཙི་ཏཱཾ་གུ་ལིཿ སོར་མོ་རྣམས་རྒྱས་པ།

ཨ་ནུ་པཱུ་རྦ་ཙི་ཏྲཱཾ་གུ་ལིཿ སོར་མོ་རྣམས་བྱིན་གྱིས་ཕྲ་བ།

པ་རི་ཨཏྟཱཾ་གུ་ལིཿ སོར་མོ་ཟླུམ་པ།

ནི་གཱུ་ཌྷ་ཤི་རཿ རྩ་མི་མངོན་པ།

ནི་རྒྲནྠི་ཤི་རཿ རྩ་མདུད་པ་མེད་པ།

གཱུ་ཌྷ་གུལྥཿ ལོང་བུ་མི་མངོན་པ།

ཨ་བི་ཥ་མ་པཱ་དཿ ཞབས་མི་མཉམ་པ་མེད་པ།

༢

སིཾ་ཧ་ཝི་ཀྲཱནྟ་གཱ་མཱི། སེང་གེའི་སྟབས་སུ་གཤེགས་པ།

ནཱ་ག་ཝི་ཀྲཱནྟ་གཱ་མཱི། གླང་པོ་ཆེའི་སྟབས་སུ་གཤེགས་པ།

ཧཾ་ས་ཝི་ཀྲཱནྟ་གཱ་མཱི ངང་པའི་སྟབས་སུ་གཤེགས་པ།

ཝྲྀ་ཥ་བྷ་ཝི་ཀྲཱནྟ་གཱ་མཱི། ཁྱུ་མཆོག་གི་སྟབས་སུ་གཤེགས་པ།

པྲ་དཀྵི་ཎཱ་ཝརྟ་གཱ་མཱི། གཡས་ཕྱོགས་སུ་ལྡོག་ཅིང་གཤེགས་པ།

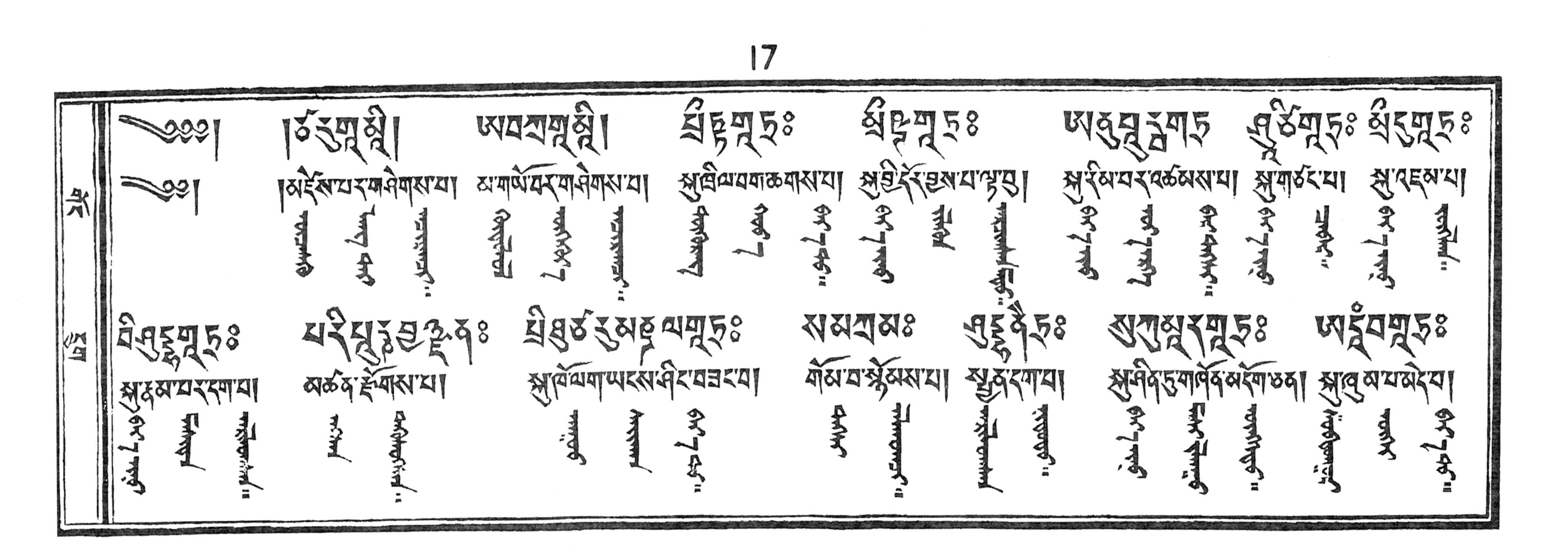

ཀ

༄༅། །ཙཱ་རུ་གུ་པྟི། ཨ་བ་ག་པྟི། ཕྲི་ཏྲ་ག་ཏཿ ཤྲི་ཀྲ་ག་ཏཿ ཨ་ནུ་པཱུ་ར་ཀ ཤུ་ཙི་ག་ཏཿ ཤྲི་ད་ག་ཏཿ

༄༅། །མཛེས་པ་རབ་ཀ་སེགས་པ་པ། མ་གསོ་བར་གསེགས་པ། སྨྲ་ཕྲི་ལ་བབ་གཅགས་པ། སྨྲ་ཏི་ནོར་ཆུས་པ་ལྷ་བུ། སྨྲ་རིམ་པར་འཚམས་པ། སྨྲ་གཙང་བ། སྨྲ་འཛུམ་པ།

ཁྲ

བི་ཤུདྡྷ་ག་ཏཿ པ་རི་པཱུརྞ་ཙ་ཏུརྦ་ནཿ ཕྲི་ཐུ་ཙ་རུ་མ་ཏྲ་ལ་ག་ཏཿ ས་མ་ག་མཿ ཤུདྡྷ་ཏིཿ སུ་ཀུ་མཱ་ར་ག་ཏཿ ཨ་ཀྣཱ་བ་ག་ཏཿ

སྨྲ་ཉམས་པར་དགའ་བ། མཚན་རྗེ་གསལ་བ། སྨྲ་ཡོ་ལག་ལྡན་ལས་ཞིང་བཟང་བ། ལོམ་པ་སྐྱེམས་པ། སྨྲ་ཀུན་དགའ་བ། སྨྲ་ཤིན་ཏུ་གཞོན་མཛེས་ཅན། སྨྲ་ཁྱུ་མ་པ་མེད་པ།

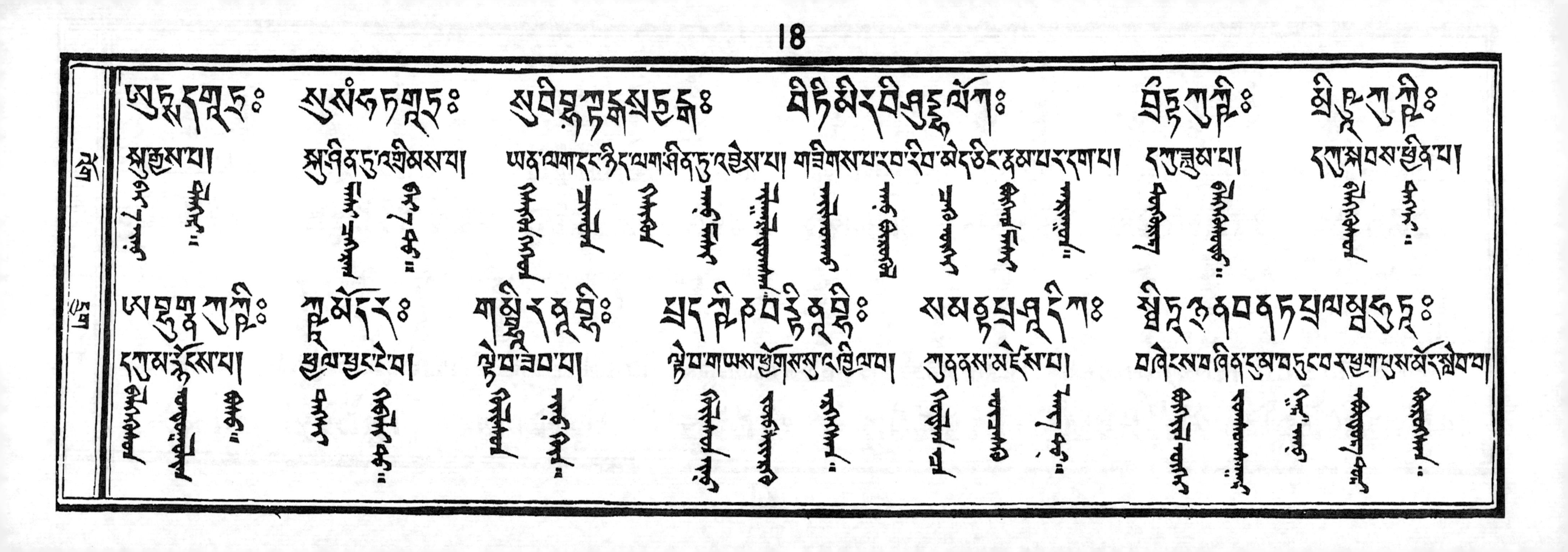

སྤྲུལ་པ། སྤྱིན་དུ་འགྲིམས་པ། ཡན་ལག་དང་ཉིད་ལག་ཤིན་དུ་འབྱེས་པ། གཟིགས་པ་རབ་རིབ་མེད་ཅིང་རྣམ་པར་དག་པ། དཀུ་ཟླུམ་པ། དཀུ་སྐབས་ཕྱིན་པ།

དཀུ་མ་རྙོངས་པ། ཕྱལ་སྦུར་རེ་བ། ལྟེ་བ་ཟབ་པ། ལྟེ་བ་གཡས་ཕྱོགས་སུ་འཁྱིལ་བ། ཀུན་ནས་མཛེས་པ། བཞེངས་བ་ཞིན་ཏུ་མ་བཅུང་བ་རྣམ་སྨྲུག་པ་ཀུན་མོ་སློབ་པ།

༄༅༅། །ཤུ་ཙི་ས་མཱ་ཙཱ་རཿ བྱ་པ་ག་ཏ་ཏི་ལ་ཀ་ཀཱ་ལ་ཀ་གཱ་ཏྲཿ ཏཱུ་ལ་བ་ཏྲི་ཤ་སྟྲ། སྣིགྡྷ་པཱ་ཎི་ལེ་ཁཿ གམྦྷཱི་ར་པཱ་ཎི་ལེ་ཁཱ། ཨཱ་ཡ་ཏ་པཱ་ཎི་ལེ་ཁཿ

༄༅། །ཀུན་སྤྱོད་གཙང་བ། སྐུ་ལ་སྨེ་བ་དང་གནག་བ་མེད་པ། ཕྱག་ཤིང་བལ་ལྟར་འཇམ་པ། ཕྱག་རིས་མདངས་ཡོད་པ། ཕྱག་གི་རི་མོ་ཟབ་པ། ཕྱག་གི་རི་མོ་རིང་བ།

ནཱ་ཏྱཱ་ཡ་ཏ་བ་ད་ནཿ བིམྦ་པྲ་ཏི་བིམྦཽཥྛཿ མྲྀ་དུ་ཛིཧྭཿ ཏ་ནུ་ཛིཧྭཿ རཀྟ་ཛིཧྭཿ ཛཱི་མཱུ་ཏ་གྷོ་ཥཿ མཉྫུ་སྭ་རཿ བྲྀཏྟ་དཾ་ཥྚྲཿ ཏཱིཀྵྞ་དཾ་ཥྚྲཿ

ཞལ་ཧ་ཅང་ཡང་མི་རིང་བ། མཆུ་བིམ་བ་ལྟར་དམར་བ། ལྗགས་མཉེན་པ། ལྗགས་སྲབ་པ། ལྗགས་དམར་བ། འབྲུག་གི་སྒྲ་དང་ལྡན་པ། གསུང་མཉེན་པ། མཆེ་བ་ཟླུམ་པ། མཆེ་བ་རྣོ་བ།

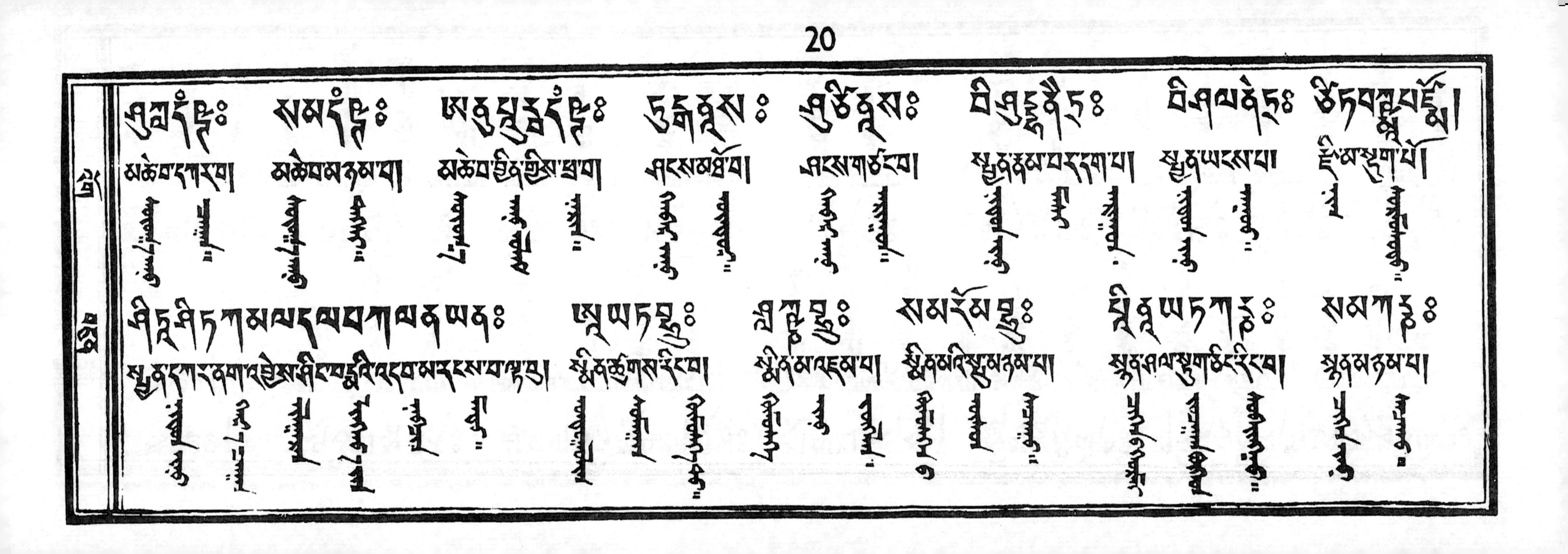

མཆེ་བ་དཀར་བ། མཆེ་བ་མཉམ་པ། མཆེ་བ་བྱིན་གྱིས་ཕྲ་བ། ཤངས་མཐོ་བ། ཤངས་གཙང་བ། སྤྱན་རྣམ་པར་དག་པ། སྤྱན་ཡངས་པ། རྫི་མ་སྟུག་པོ།

སྤྱན་དཀར་ནག་འབྱེས་ཤིང་པདྨའི་འདབ་མ་ངེས་པ་ལྟ་བུ། སྨིན་ཚུགས་རིང་བ། སྨིན་མ་འཇམ་པ། སྨིན་མའི་སྤུ་མཉམ་པ། སྙན་ཤལ་ཕྱུག་ཅིང་རིང་བ། སྙན་མཉམ་པ།

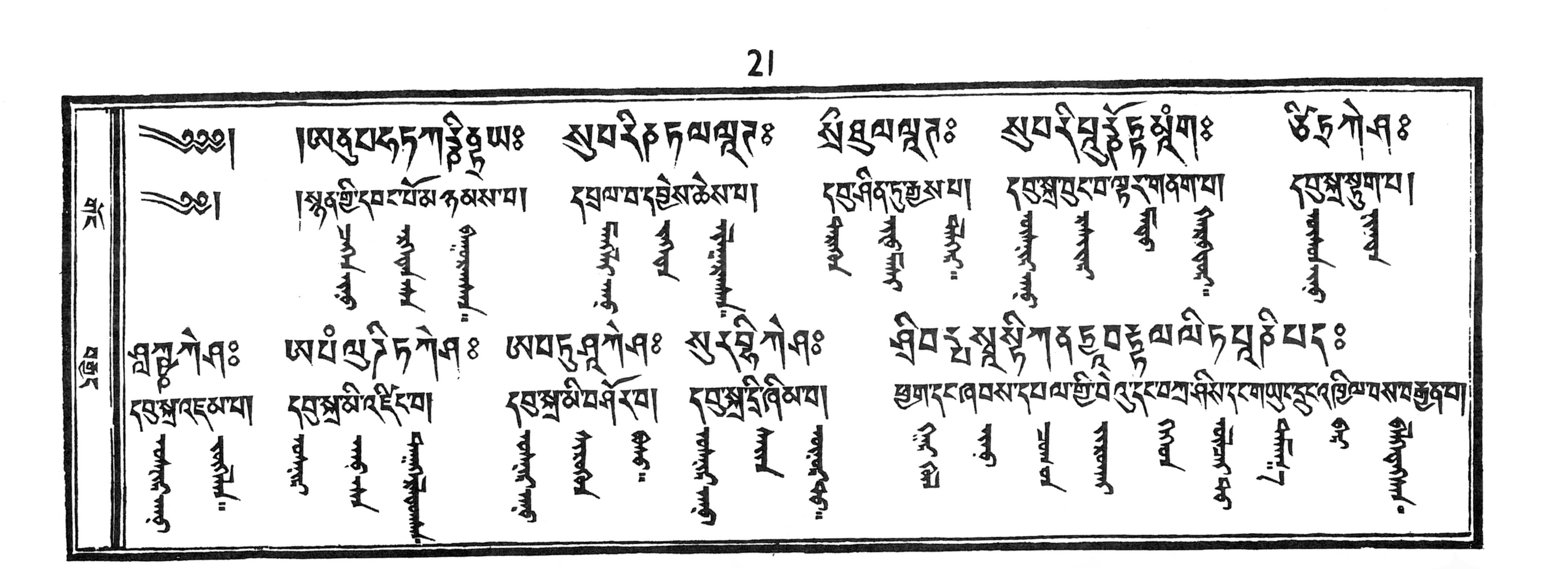

༧༧། །ཨ་ནུ་བ་ཧ་ཏ་གྷྲཱ་ཎེནྡྲི་ཡཿ སུ་བ་རི་ཎ་ཏ་ལ་ལཱ་ཊཿ པྲྀ་ཐུ་ལ་ལཱ་ཊཿ སུ་བ་རི་པཱུརྞོཏྟ་མཱཾ་གཿ ཙི་ཏ་ཀེ་ཤཿ

༧། །སྣ་ཡི་དབང་པོ་ཉམས་མས་པ། དཔྲལ་བ་དབྱེས་ཆེ་བ། དབུ་ཤིན་ཏུ་རྒྱས་པ། དབུ་སྐྲ་བུང་བ་ལྟར་གནག་པ། དབུ་སྐྲ་སྟུག་པ།

ཤླཀྵྞ་ཀེ་ཤཿ ཨ་སཾ་ལུ་ལི་ཏ་ཀེ་ཤཿ ཨ་པ་རུ་ཥ་ཀེ་ཤཿ སུ་ར་བྷི་ཀེ་ཤཿ ཤྲཱི་ཝ་ཏྶ་སྭསྟི་ཀ་ནནྡྱཱ་ཝརྟ་ལ་ལི་ཏ་པཱ་ཎི་པཱ་དཿ

དབུ་སྐྲ་འཇམ་པ། དབུ་སྐྲ་མི་འཛིང་བ། དབུ་སྐྲ་མི་བཤོར་བ། དབུ་སྐྲ་དྲི་ཞིམ་པ། ཕྱག་དང་ཞབས་དག་ལ་དཔལ་གྱི་བེའུ་དང་བཀྲ་ཤིས་དང་གཡུང་དྲུང་འཁྱིལ་བས་བརྒྱན་པ།

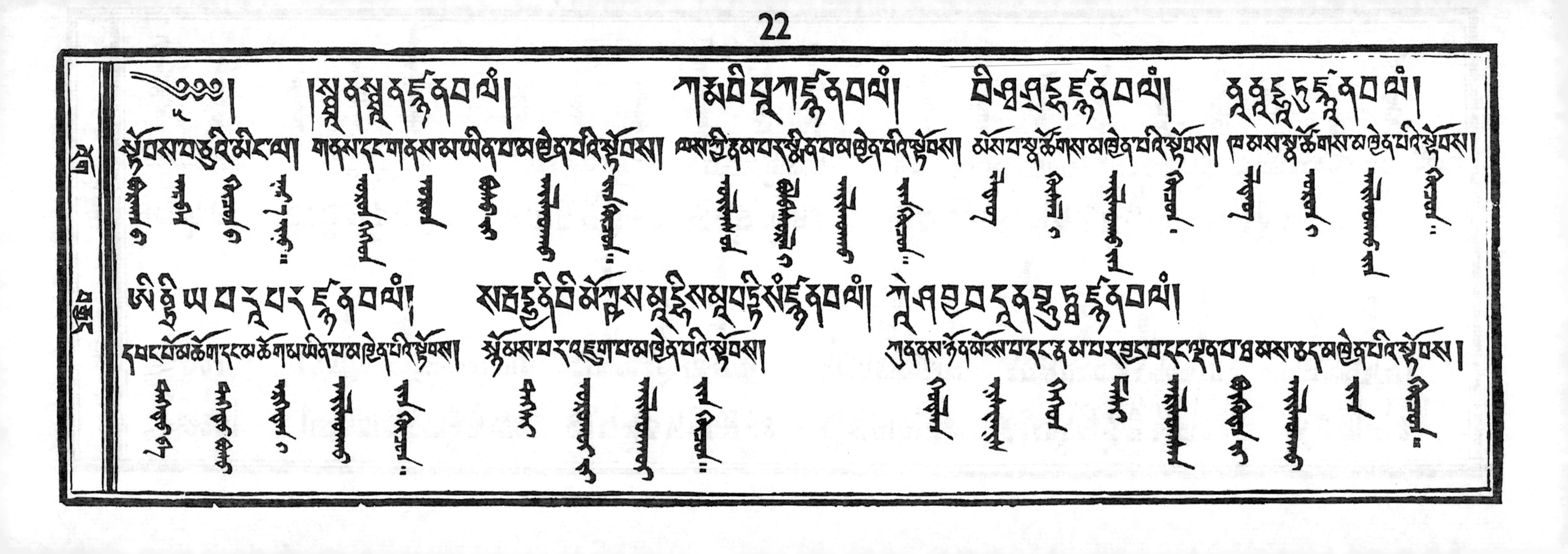

སྟོབས་བཅུའི་མིང་ལ། གནས་དང་གནས་མ་ཡིན་པ་མཁྱེན་པའི་སྟོབས། ལས་ཀྱི་རྣམ་པར་སྨིན་པ་མཁྱེན་པའི་སྟོབས། མོས་པ་སྣ་ཚོགས་མཁྱེན་པའི་སྟོབས། ཁམས་སྣ་ཚོགས་མཁྱེན་པའི་སྟོབས།

དབང་པོ་མཆོག་དང་མཆོག་མ་ཡིན་པ་མཁྱེན་པའི་སྟོབས། སྙོམས་པར་འཇུག་པ་མཁྱེན་པའི་སྟོབས། ཀུན་ནས་ཉོན་མོངས་པ་དང་རྣམ་པར་བྱང་བ་དང་ལྡང་བ་ཐམས་ཅད་མཁྱེན་པའི་སྟོབས།

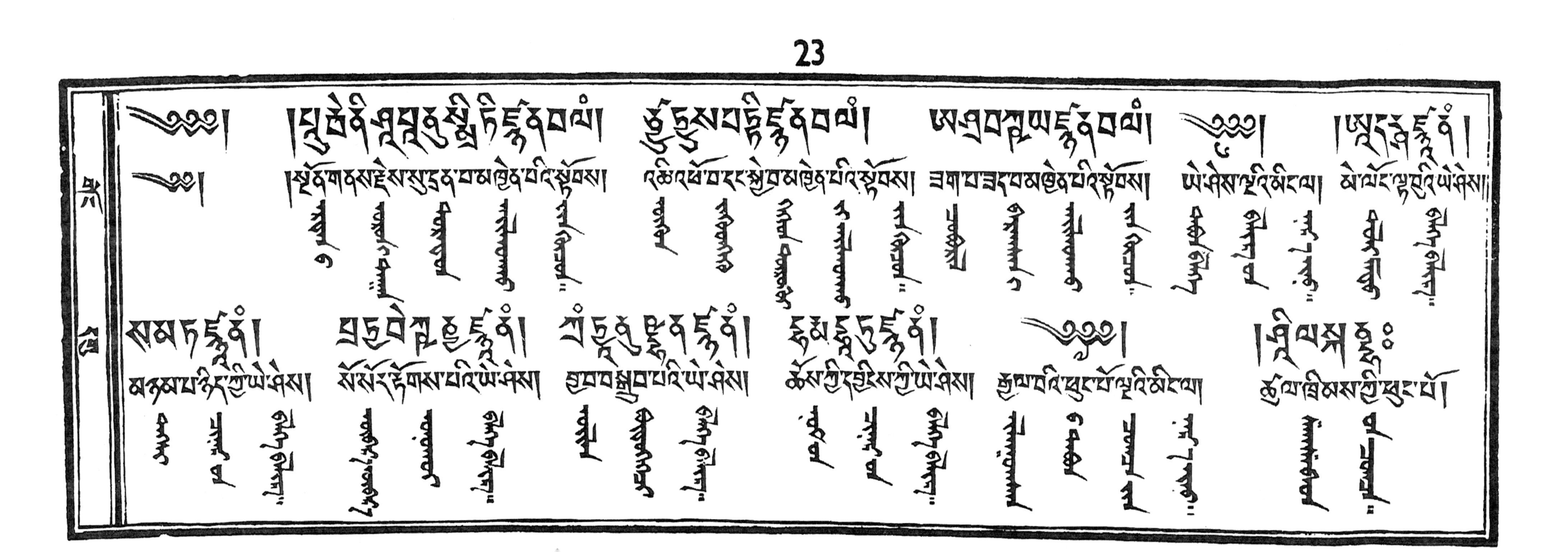

༄༅།	།པཱུ་རྦེ་ནི་ཝཱ་སཱ་ནུ་སྨྲྀ་ཏི་ཛྙཱ་ན་བ་ལཾ།	ཙྱུ་ཏྱུ་པ་པཏྟི་ཛྙཱ་ན་བ་ལཾ།	ཨཱ་སྲ་ཝ་ཀྵ་ཡ་ཛྙཱ་ན་བ་ལཾ།	༄༅།	།ཨཱ་དརྴ་ཛྙཱ་ནཾ།
༄༅།	།སྔོན་གནས་རྗེས་སུ་དྲན་པ་མཁྱེན་པའི་སྟོབས།	འཆི་འཕོ་བ་དང་སྐྱེ་བ་མཁྱེན་པའི་སྟོབས།	ཟག་པ་ཟད་པ་མཁྱེན་པའི་སྟོབས།	ཡེ་ཤེས་ལྔ་ཡི་མིང་ལ།	མེ་ལོང་ལྟ་བུའི་ཡེ་ཤེས།

ས་མ་ཏ་ཛྙཱ་ནཾ།	པྲ་ཏྱ་ཝེ་ཀྵ་ཎ་ཛྙཱ་ནཾ།	ཀྲྀཏྱཱ་ནུ་ཥྛཱ་ན་ཛྙཱ་ནཾ།	དྷརྨ་དྷཱ་ཏུ་ཛྙཱ་ནཾ།	༄༅།	།ཤཱི་ལ་སྐནྡྷཿ
མཉམ་པ་ཉིད་ཀྱི་ཡེ་ཤེས།	སོ་སོར་རྟོགས་པའི་ཡེ་ཤེས།	བྱ་བ་གྲུབ་པའི་ཡེ་ཤེས།	ཆོས་ཀྱི་དབྱིངས་ཀྱི་ཡེ་ཤེས།	རྒྱལ་བའི་ཕུང་པོ་ལྔའི་མིང་ལ།	ཚུལ་ཁྲིམས་ཀྱི་ཕུང་པོ།

སམཱདྷི་སྥ་ར་ཎཿ ཏིང་ངེ་འཛིན་གྱི་ཁྱུང་པོ།

པྲཛྙཱ་སྥ་ར་ཎཿ ཤེས་རབ་ཀྱི་ཁྱུང་པོ།

བི་མུ་ཀྟི་སྥ་ར་ཎཿ རྣམ་པར་གྲོལ་བའི་ཁྱུང་པོ།

བི་མུ་ཀྟི་ཛྙཱ་ན་ད་ར་ཤ་ན་སྥ་ར་ཎཿ རྣམ་པར་གྲོལ་བའི་ཡེ་ཤེས་མཐོང་བའི་ཁྱུང་པོ།

༄༅༅། བྱང་ཆུབ་སེམས་དཔའི་མིང་ལ།

།བོ་དྷི་ས་ཏྭ། བྱང་ཆུབ་སེམས་དཔའ།

མ་ཧཱ་ས་ཏྭ། སེམས་དཔའ་ཆེན་པོ།

དྷཱི་མཱན། བློ་ལྡན།

ཙི་ཛ་ཏ། རྣམ་པར་རྒྱལ་བྱེད།

ཛི་ན་ཨཱཏྨ་ཛཿ རྒྱལ་བའི་གཞི།

ཛི་ནཱཾ་ཀུ་རཿ རྒྱལ་བའི་མྱུ་གུ།

བི་ཀྲཱནྟཿ རྩལ་ལྡན།

པ་ར་མཱཪྻཿ འཕགས་མཆོག

།ས་ཏྤུ་རྡ། དེ་དང་པོན།

ཀྲི་པཱ་ལུཿ སྙིང་རྗེ་ཅན།

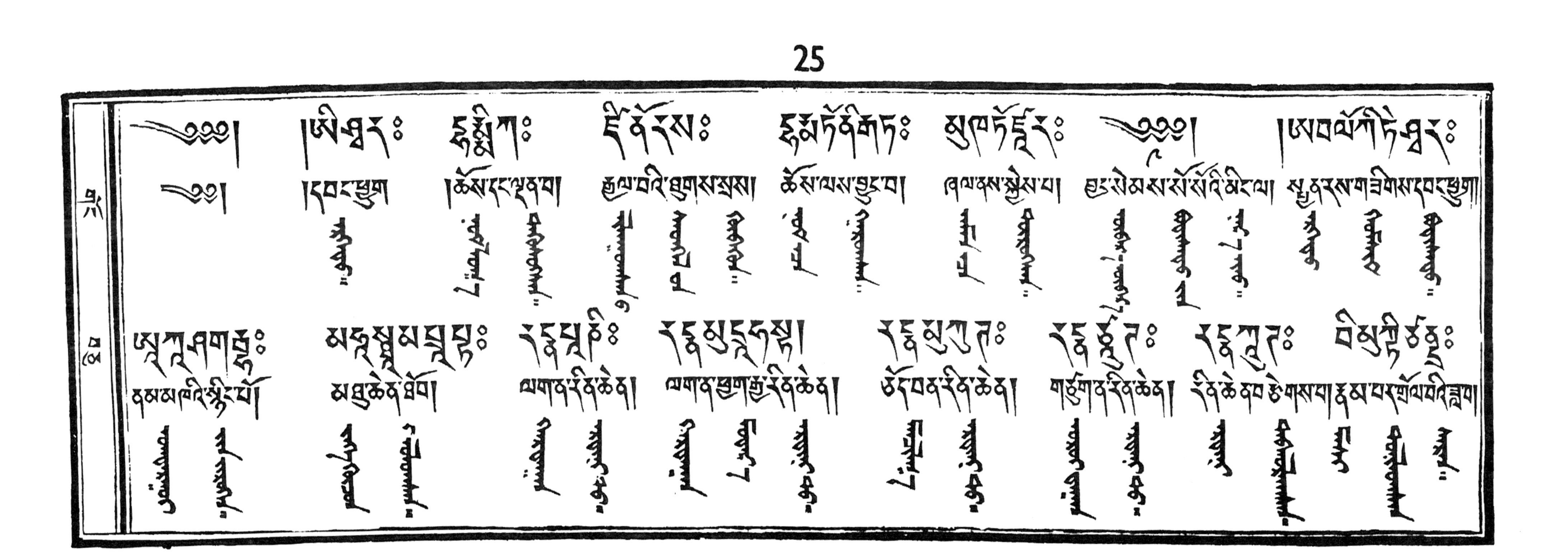

༄༅།	།ཨཱི་ཤྭ་ར༔	དྷརྨི་ཀ༔	ཛི་ནོ་ར་ས༔	དྷརྨ་ཡོ་ནི་ཀ་ཏ༔	མུ་ཁ་ཛཱ་ར༔	༄༅།	།ཨ་ཝ་ལོ་ཀི་ཏེ་ཤྭ་ར༔
༄༅།	།དབང་ཕྱུག	།ཆོས་དང་ལྡན་པ།	རྒྱལ་བའི་ཐུགས་སྲས།	ཆོས་ལས་བྱུང་བ།	ཞལ་ནས་སྐྱེས་པ།	བྱང་སེམས་སོ་སོའི་མིང་ལ།	སྤྱན་རས་གཟིགས་དབང་ཕྱུག།

ཨཱ་ཀཱ་ཤ་གརྦྷ༔	མ་ཧཱ་སྠཱ་མ་པྲཱ་པྟ༔	རཏྣ་པཱ་ཎི༔	རཏྣ་མུ་དྲ་ཧ་སྟ།	རཏྣ་མུ་ཀུ་ཊ༔	རཏྣ་ཙཱུ་ཌ༔	རཏྣཱ་ཀ་ར༔	བི་མུཀྟི་ཙནྡྲ༔
ནམ་མཁའི་སྙིང་པོ།	མཐུ་ཆེན་ཐོབ།	ལག་ན་རིན་ཆེན།	ལག་ན་ཕྱག་རྒྱ་རིན་ཆེན།	ཅོད་པན་རིན་ཆེན།	གཙུག་ན་རིན་ཆེན།	རིན་ཆེ་དཔབ་རྩེ་གསལ་བ།	རྣམ་པར་གྲོལ་བའི་ཟླ་བ།

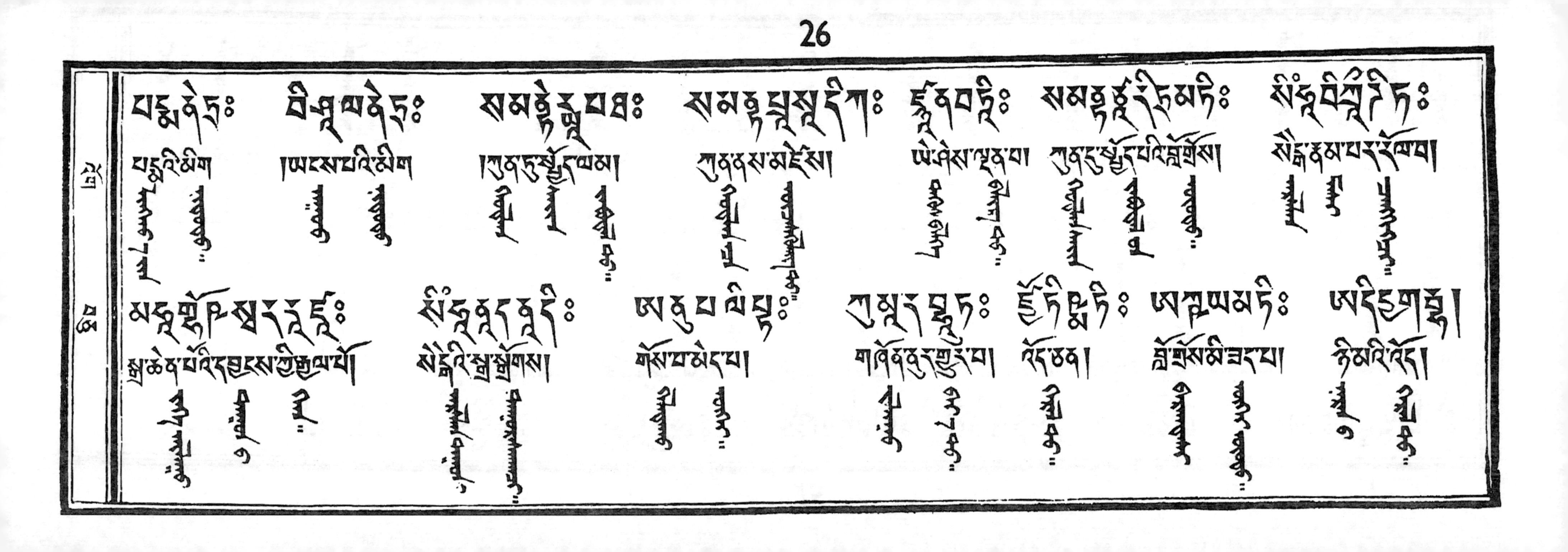

པདྨནེཏྲཿ བིཤཱལནེཏྲཿ སམནྟཱཧྣཱབྷཿ སམནྟཱསྭཱཧིཀཿ ཛྙཱནབཏྱཿ སམནྟཱཛྱོཏིཏམཏིཿ སིཾཧབིཀྲཱིཏཿ

པདྨའི་མིག །ཡངས་པའི་མིག །ཀུན་དུ་སྣང་ཡུམ། ཀུན་ནས་མཛེས། ཡེ་ཤེས་ལྡན་པ། ཀུན་དུ་སྣང་བའི་སྒྲོན་གྲོས། སེང་གེ་རྣམ་པར་རོལ་བ།

མཧཱགྷོཥསྭརནིརྣཱདཿ སིཾཧནཱདནཱདིཿ ཨཙྪཔཱལིཔྟཿ ཀཱཉྩནཔྲབྷཿ ཛྱོཏིཥྨཏཱིཿ ཨགྲཱལམཏིཿ ཨཏིཙནྡྲཱ།

སྒྲ་ཆེན་པོའི་དབྱངས་ཀྱི་སྒྲ་ལྡན་པོ། སེང་གེའི་སྒྲ་སྒྲོགས། གོས་པ་མེད་པ། གསེར་ལྟར་འབར་བ། འོད་ཅན། བློ་གྲོས་མི་ཟད་པ། ཉི་མའི་འོད།

༄༅། །ཝཛྲ་གརྦྷ། ཨ་མ་ལ་ཀཱིརྟཱིཿ གྷ་ར་གྷོ་ཥཿ ཛྱོ་ཏི་རསྨ། ཨཀྵ་ཡ་ཀ་རཎྜཿ ༡༠ ༄༅། །ཨ་དྷི་མུཀྟི་ཙརྱ་བྷཱུ་མི།

༄༅། །རྡོ་རྗེ་སྙིང་པོ། དྲི་མ་མེད་གྲགས། སྒྲ་སྒྲགས། སྐར་མའི་འོད་དང་མེའི་འོད། མི་ཟད་པའི་ཟ་མ་ཏོག །མོས་པ་སྤྱོད་པའི་ས་ལྔའི་མིང་ལ། མོས་པ་སྤྱོད་པའི་ས།

ཨཱ་ལོ་ཀ་ལབྡྷཿ ཨཱ་ལོ་ཀ་བྲིདྡྷིཿ ཏཏྟྭེ་ཀ་དེ་ཤཱ་ནུ་པྲ་བེ་ཤཿ ཨཱ་ནནྟ་ར྄ྱ་ས་མཱ་དྷིཿ ༡༡ ༄༅། །པྲ་མུ་དི་ཏཱཿ

སྣང་བ་ཐོབ་པ། སྣང་བ་མཆེད་པ། དེ་ཁོ་ན་ཉིད་དོན་གྱི་ཕྱོགས་གཅིག་ལ་རྗེས་སུ་ཞུགས་པ། སྣང་བ་བར་ཆད་མེད་པའི་ཏིང་ངེ་འཛིན། ས་བཅུའི་མིང་ལ། རབ་ཏུ་དགའ་བ།

བི་མ་ལཱ༔	པྲ་བྷཱ་ཀ་རཱི༔	ཨརྩིཥྨ་ཏཱི༔	སུ་དུར་ཛ་ཡཱ༔	ཨ་བྷི་མུ་ཁཱི།	དཱུ་རཾ་ག་མཱ།	ཨ་ཙ་ལཱ།	སཱ་དྷུ་མ་ཏཱི།
དྲི་མ་མེད་པ།	འོད་བྱེད་པ།	འོད་འཕྲོ་ཅན།	སྦྱང་དཀའ་བ།	མངོན་དུ་གྱུར་པ།	རིང་དུ་སོང་བ།	མི་གཡོ་བ།	ལེགས་པའི་བློ་གྲོས།

དྷརྨ་མེ་གྷཱ།	ꣿ ༡༠༠།	དཱ་ན་པཱ་ར་མི་ཏཱ།	ཤཱི་ལ་པཱ་ར་མི་ཏཱ།	ཀྵཱནྟི།	བཱིརྱ།	དྷྱཱ་ན།	པྲཛྙཱ།
ཆོས་ཀྱི་སྤྲིན།	ཕར་ཕྱིན་བཅུའི་མིང་ལ།	སྦྱིན་པའི་ཕ་རོལ་ཏུ་ཕྱིན་པ།	ཚུལ་ཁྲིམས་ཀྱི་ཕ་རོལ་ཏུ་ཕྱིན་པ།	བཟོད་པ།	བརྩོན་འགྲུས།	བསམ་གཏན།	ཤེས་རབ།

༄༅། །ཨུ་པཱ་ཡ། པྲ་ཎི་དྷཱ་ན། བ་ལ། ཛྙཱ་ན་པཱ་ར་མི་ཏཱ། ༄༅། ༡༣ །ལི་ཁ་ནཱ། པཱུ་ཛ་ནཱ། དཱ་ནཾ།

༄༅། །ཐབས། སྨོན་ལམ། སྟོབས། ཡེ་ཤེས་ཀྱི་ཕ་རོལ་ཏུ་ཕྱིན་པ། ཆོས་སྤྱོད་བཅུའི་མིང་ལ། ཡི་གེ་འབྲི་བ། མཆོད་པ། སྦྱིན་པ།

ཤྲ་བ་ཎཾ། ཝཱ་ཙ་ནཾ། ཨུད་གྲ་ཧ་ཎཾ། པྲ་ཀཱ་ཤ་ནཱ། སྭཱ་དྷྱཱ་ཡ། ཙིན་ཏ་ནཱ། བྷཱ་ཝ་ནཱ། ༄༅། ༡༨ །མཻ་ཏྲཱི། ཀ་རུ་ཎཱ།

ཉན་པ། ཀློག་པ། འཛིན་པ། རབ་ཏུ་སྟོན་པ། ཁ་ཏོན་བྱེད་པ། སེམས་པ། སྒོམ་པ། ཚད་མེད་པ་བཞི་ཡི་མིང་ལ། བྱམས་པ། སྙིང་རྗེ།

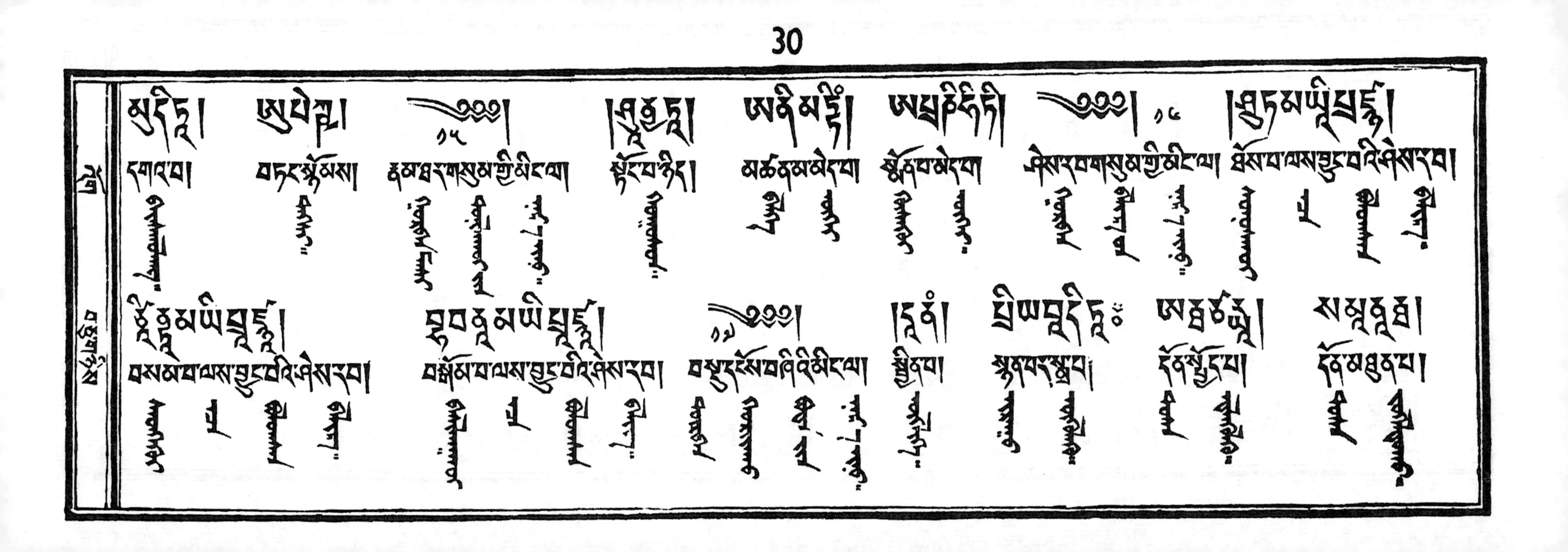

དགའ་བ། བཏང་སྙོམས། ༡༥ རྣམ་ཐར་སྒོ་གསུམ་གྱི་མིང་ལ། སྟོང་པ་ཉིད། མཚན་མ་མེད་པ། སྨོན་པ་མེད་པ། ༡༦ ཤེས་རབ་གསུམ་གྱི་མིང་ལ། ཐོས་པ་ལས་བྱུང་བའི་ཤེས་རབ།

བསམ་པ་ལས་བྱུང་བའི་ཤེས་རབ། བསྒོམ་པ་ལས་བྱུང་བའི་ཤེས་རབ། ༡༧ བསྡུ་བའི་དངོས་པོ་བཞིའི་མིང་ལ། སྦྱིན་པ། སྙན་པར་སྨྲ་བ། དོན་སྤྱོད་པ། དོན་མཐུན་པ།

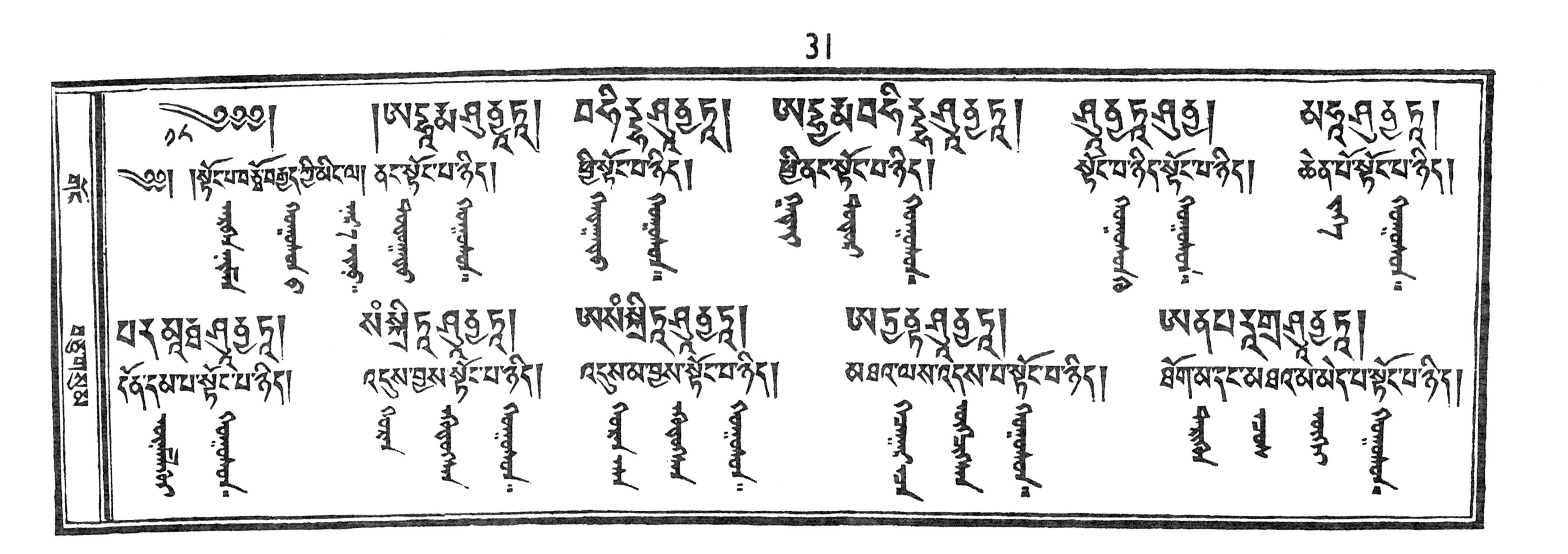

༡༨ ༄༅། །ཨ་དྷྱཱཏྨ་ཤཱུ་ནྱ་ཏཱ། བ་ཧི་རྡྷཱ་ཤཱུ་ནྱ་ཏཱ། ཨ་དྷྱཱཏྨ་བ་ཧི་རྡྷཱ་ཤཱུ་ནྱ་ཏཱ། ཤཱུ་ནྱ་ཏཱ་ཤཱུ་ནྱ་ཏཱ། མ་ཧཱ་ཤཱུ་ནྱ་ཏཱ།

༄༅། །སྟོང་པ་བཅོ་བརྒྱད་ཀྱི་མིང་ལ། ནང་སྟོང་པ་ཉིད། ཕྱི་སྟོང་པ་ཉིད། ཕྱི་ནང་སྟོང་པ་ཉིད། སྟོང་པ་ཉིད་སྟོང་པ་ཉིད། ཆེན་པོ་སྟོང་པ་ཉིད།

པ་ར་མཱརྠ་ཤཱུ་ནྱ་ཏཱ། སཾ་སྐྲི་ཏ་ཤཱུ་ནྱ་ཏཱ། ཨ་སཾ་སྐྲི་ཏ་ཤཱུ་ནྱ་ཏཱ། ཨ་ཏྱནྟ་ཤཱུ་ནྱ་ཏཱ། ཨ་ན་ཝ་ར་གྲ་ཤཱུ་ནྱ་ཏཱ།

དོན་དམ་པ་སྟོང་པ་ཉིད། འདུས་བྱས་སྟོང་པ་ཉིད། འདུས་མ་བྱས་སྟོང་པ་ཉིད། མཐའ་ལས་འདས་པ་སྟོང་པ་ཉིད། ཐོག་མ་དང་མཐའ་མ་མེད་པ་སྟོང་པ་ཉིད།

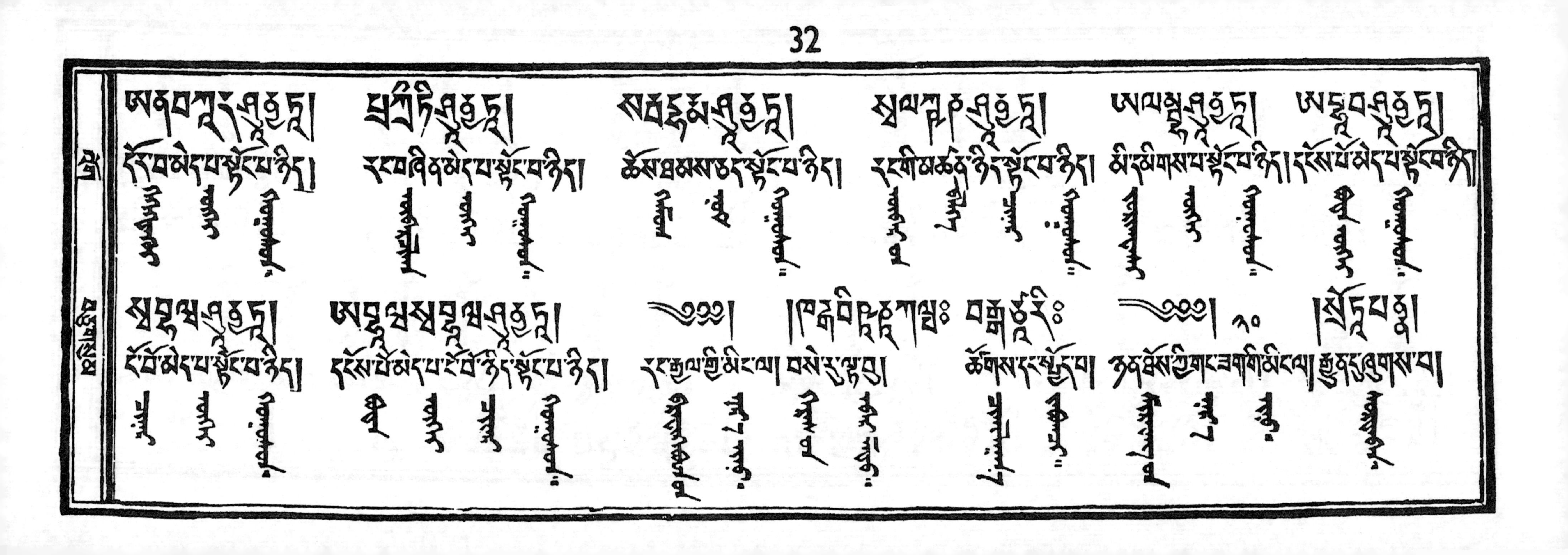

ངོ་བོ་མེད་པ་སྟོང་པ་ཉིད། རང་བཞིན་མེད་པ་སྟོང་པ་ཉིད། ཆོས་ཐམས་ཅད་སྟོང་པ་ཉིད། རང་གི་མཚན་ཉིད་སྟོང་པ་ཉིད། མི་དམིགས་པ་སྟོང་པ་ཉིད། དངོས་པོ་མེད་པ་སྟོང་པ་ཉིད།

ངོ་བོ་མེད་པ་སྟོང་པ་ཉིད། དངོས་པོ་མེད་པ་ངོ་བོ་ཉིད་སྟོང་པ་ཉིད།

༣༠

རང་རྒྱལ་གྱི་མིང་ལ། བསེ་རུ་ལྟ་བུ། ཚོགས་དང་སྤྱོད་པ། ཉན་ཐོས་ཀྱི་གང་ཟག་གི་མིང་ལ། རྒྱུན་དུ་ཞུགས་པ།

༄༅༅། །སཀྲྀ་དཱ་གཱ་མཱིཿ ཨ་ན་གཱ་མཱིཿ ཨེ་ཀ་བཱི་ཙི་ཀ། ཨཱུརྡྷྭ་སྲོ་ཏཱ། ཤྲདྡྷཱ་ནུ་སཱ་རཱི། པྲཛྙཱ་བི་མུཀྟ།

༄༅། །ལན་གཅིག་ཕྱིར་འོང་། ཕྱིར་མི་འོང་། བར་ཆད་གཅིག་པ། གོང་དུ་འཕོ་བ། དད་པའི་རྗེས་སུ་འབྲང་བ། ཤེས་རབ་ཀྱིས་རྣམ་པར་གྲོལ་བ།

༄༅༅། །ཨ་ནུ་ཤ་ཡ། ཨཛྙཱ་ནམ྄ཿ ཀཱཾ་ཀྵཿ ཨུ་རུ་ཏི་སྭཱ་ཀཱ་ཤ་བཿ ཏྲི་ཀཱ་ཤ་བཿ ཀཱ་མ་ཀཱ་ཤ་བ། ཀཱ་བྷྲ་ཥྚི་ཏཿ

ཉོན་མོངས་ཀྱི་མིང་ལ། ཕྲ་རྒྱས། མི་ཤེས་པ། ཡང་ནས་སྲེད། སྡེ་ཚོགས་འདོད་བསྒྲུབ། ཚུལ་ཁྲིམས་འདོད་བསྒྲུབ། ཀ་ཡ་འདོད་བསྒྲུབ། བཞད་བདག །

ནྲྀཏྱཿ	ཞར་ས་པ།
ཀྵུ་ད་པ་ནྠ་ཀ	ལམ་ཕྲན་བསྟན།
།མ་ཧཱ་པ་ནྠ་ཀ	ལམ་ཆེན་བསྟན།
།ཙུནྡ།	བསྐུལ་བྱེད།
ཤྲོ་ཎ་ཀོ་ཊི་ཝིཾ་ཤཿ	གྲོ་བཞིན་སྐྱེས་བྱེ་བ་ཉི་ཤུ་པ། འཆར་ཀ།
ཨུ་དཱ་ཡཱི།	
ཤྲོ་ཎ་ཀོ་ཊི་ཀརྞཿ	གྲོ་བཞིན་སྐྱེས་རྣ་བ་བྱེ་བ།
ཨུ་པཱ་ལིཿ	ཉེ་བར་འཁོར།
མ་ཧཱ་ཀཽཥྛི་ལཿ	གསུས་པོ་ཆེ།
བཀྐུ་ལཿ	བ་ཀུ་ལ།
གཱ་ཤྐཱ།	སའི་ཚོམ།
དྷརྨ་དིནྣ།	ཆོས་ཀྱི་སྦྱིན།
༣༣། (༧༧)	ཧེ་ན་འབྲེལ་བཙུག་ཉིས་ཀྱི་མིང་ལ།
།ཨ་བིདྱཱ།	མ་རིག་པ།
སཾ་སྐཱ་རཿ	འདུ་བྱེད།
བི་ཛྙཱ་ནཾ།	རྣམ་པར་ཤེས་པ།
ནཱ་མ་རཱུ་པཾ།	མིང་དང་གཟུགས།

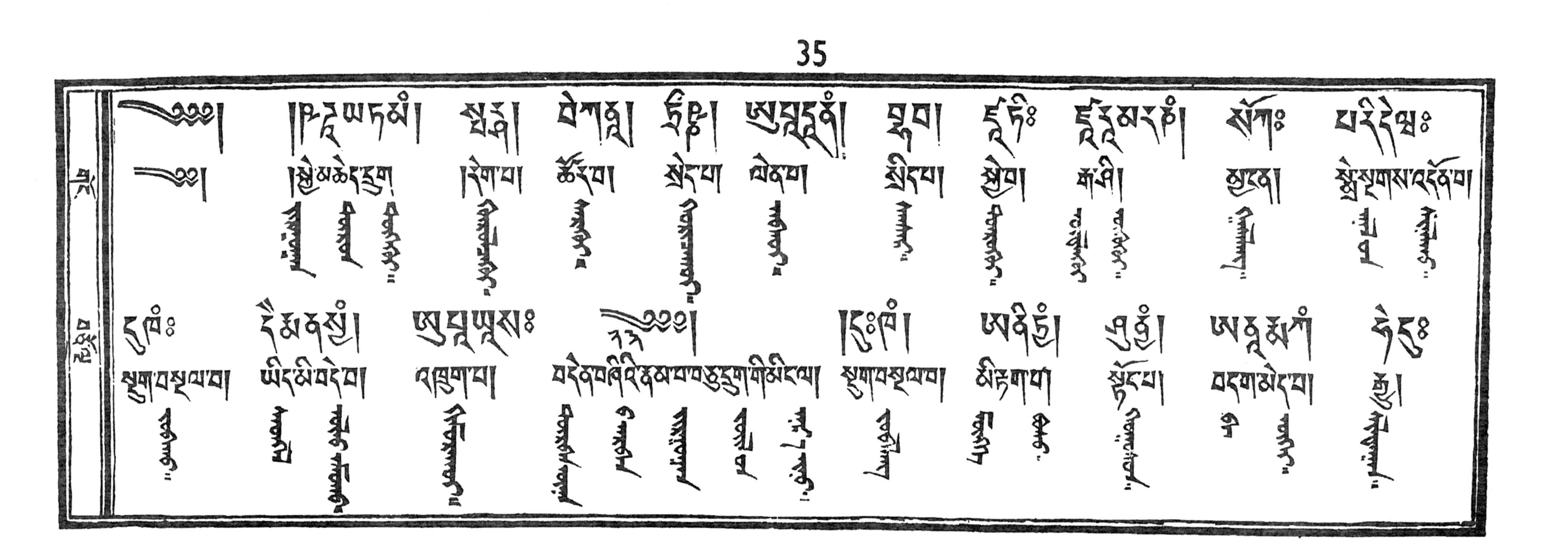

༄༅། །ཥ་ཌཱ་ཡ་ཏ་ནཾ། སྤརྴ། ཝེ་ད་ནཱ། ཏྲྀཥྞཱ། ཨུ་པཱ་དཱ་ནཾ། བྷ་ཝ། ཛཱ་ཏིཿ ཛ་རཱ་མ་ར་ཎཾ། ཤོ་ཀཿ པ་རི་དེ་ཝཿ

༄༅། །སྐྱེ་མཆེད་དྲུག རེག་པ། ཚོར་བ། སྲེད་པ། ལེན་པ། སྲིད་པ། སྐྱེ་བ། རྒ་ཤི། མྱ་ངན། སྨྲེ་སྔགས་འདོན་པ།

དུཿཁཾ། དཽ་རྨ་ན་སྱཾ། ཨུ་པཱ་ཡཱ་སཿ ༧༣ ༄༅། །དུཿཁཾ། ཨ་ནི་ཏྱཾ། ཤཱུ་ནྱཾ། ཨ་ནཱཏྨ་ཀཾ། ཧེ་ཏུཿ

སྡུག་བསྔལ་བ། ཡིད་མི་བདེ་བ། འཁྲུག་པ། བདེན་པ་བཞིའི་རྣམ་པ་བཅུ་དྲུག་གི་མིང་ལ། སྡུག་བསྔལ་བ། མི་རྟག་པ། སྟོང་པ། བདག་མེད་པ། རྒྱུ།

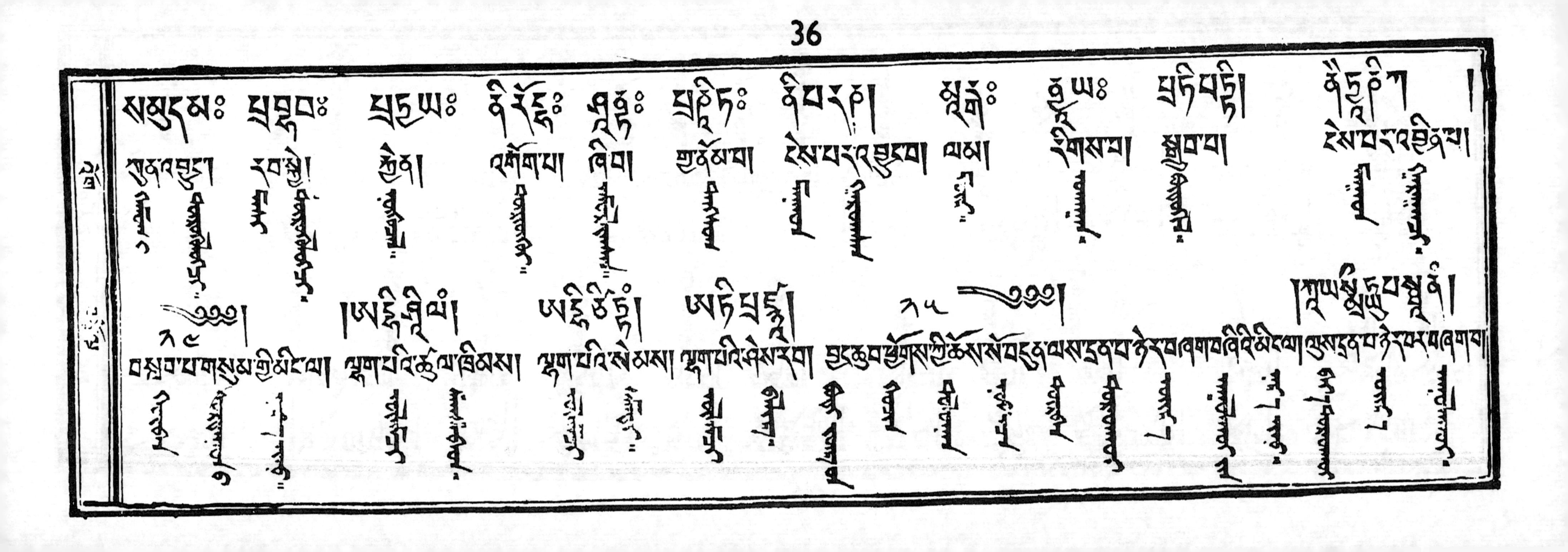

སམུདཡཿ	པྲབྷཝཿ	པྲཏྱཡཿ	ནིརོདྷཿ	ཤཱནྟཿ	པྲཎཱིཏཿ	ནིཿསརཎཾ།	མཱརྒཿ	ནྱཱཡཿ	པྲཏིཔཏྟི།	ནཻརྻཱཎིཀ།
ཀུན་འབྱུང་།	རབ་སྐྱེ།	རྐྱེན།	འགོག་པ།	ཞི་བ།	གྱ་ནོམ་པ།	ངེས་པར་འབྱུང་བ།	ལམ།	རིགས་པ།	སྒྲུབ་པ།	ངེས་པར་འབྱིན་པ།

༧༤ ༄༅། བསླབ་པ་གསུམ་གྱི་མིང་ལ།

།ཨདྷི་ཤཱི་ལཾ།	ཨདྷི་ཙིཏྟཾ།	ཨདྷི་པྲཛྙཱ།
ལྷག་པའི་ཚུལ་ཁྲིམས།	ལྷག་པའི་སེམས།	ལྷག་པའི་ཤེས་རབ།

༧༥ ༄༅། བྱང་ཆུབ་ཕྱོགས་ཀྱི་ཆོས་སོ་བདུན་ལས་དྲན་པ་ཉེ་བར་བཞག་པ་བཞི་ཡི་མིང་ལ།

།ཀཱ་ཡ་སྨྲྀ་ཏྱུ་པ་སྠཱ་ནཾ། ལུས་དྲན་པ་ཉེ་བར་བཞག་པ།

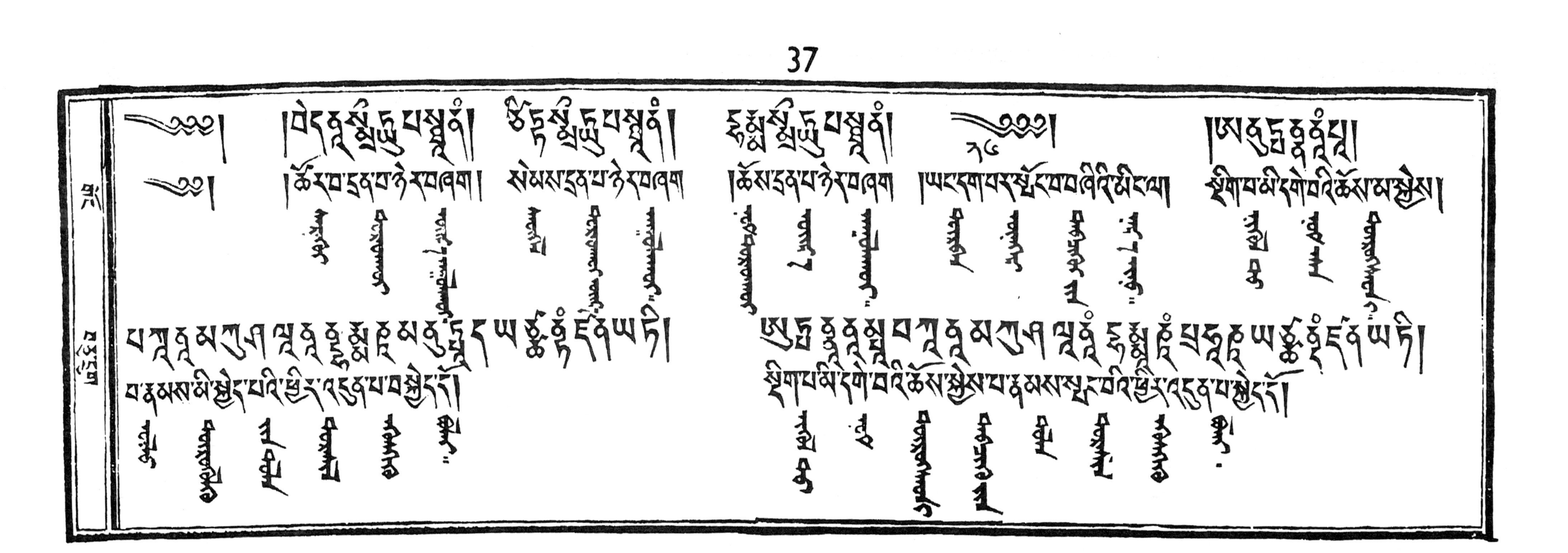

༄༅༅། ། བེ་ད་ན་སྨྲྀ་ཏྱུ་པ་སྠཱ་ནཾ། ཙིཏྟ་སྨྲྀ་ཏྱུ་པ་སྠཱ་ནཾ། དྷརྨ་སྨྲྀ་ཏྱུ་པ་སྠཱ་ནཾ། ༄༅༅། ༡༨ །ཨ་ཀུ་ཤ་ལ་དྷརྨཱ།

༄༅། །ཚོར་བ་དྲན་པ་ཉེ་བར་བཞག། སེམས་དྲན་པ་ཉེ་བར་བཞག །ཆོས་དྲན་པ་ཉེ་བར་བཞག །ཡང་དག་པར་སྤོང་བ་བཞི་རིམ་ཡིན་ལ། སྡིག་པ་མི་དགེ་བའི་ཆོས་མ་སྐྱེས།

པ་ཀྲ་ན་མ་ཀུ་ཤ་ལ་ནཱ་ན་དྷརྨ་ཎཱ་མ་ནུཏྤ་ད་ཡ་ཚནྡཾ་ཛ་ན་ཡ་ཏི། ཨུཏྤནྣཱ་ནཱཾ་པཱ་ཀཱ་ནཱཾ་ཨ་ཀུ་ཤ་ལཱ་ནཱཾ་དྷརྨཱཎཱཾ་པྲ་ཧཱ་ཎཱ་ཡ་ཚནྡཾ་ཛ་ན་ཡ་ཏི།

བ་རྣམས་མི་སྐྱེད་པའི་ཕྱིར་འདུན་པ་བསྐྱེད་དོ། སྡིག་པ་མི་དགེ་བའི་ཆོས་སྐྱེས་པ་རྣམས་སྤང་བའི་ཕྱིར་འདུན་པ་བསྐྱེད་དོ།

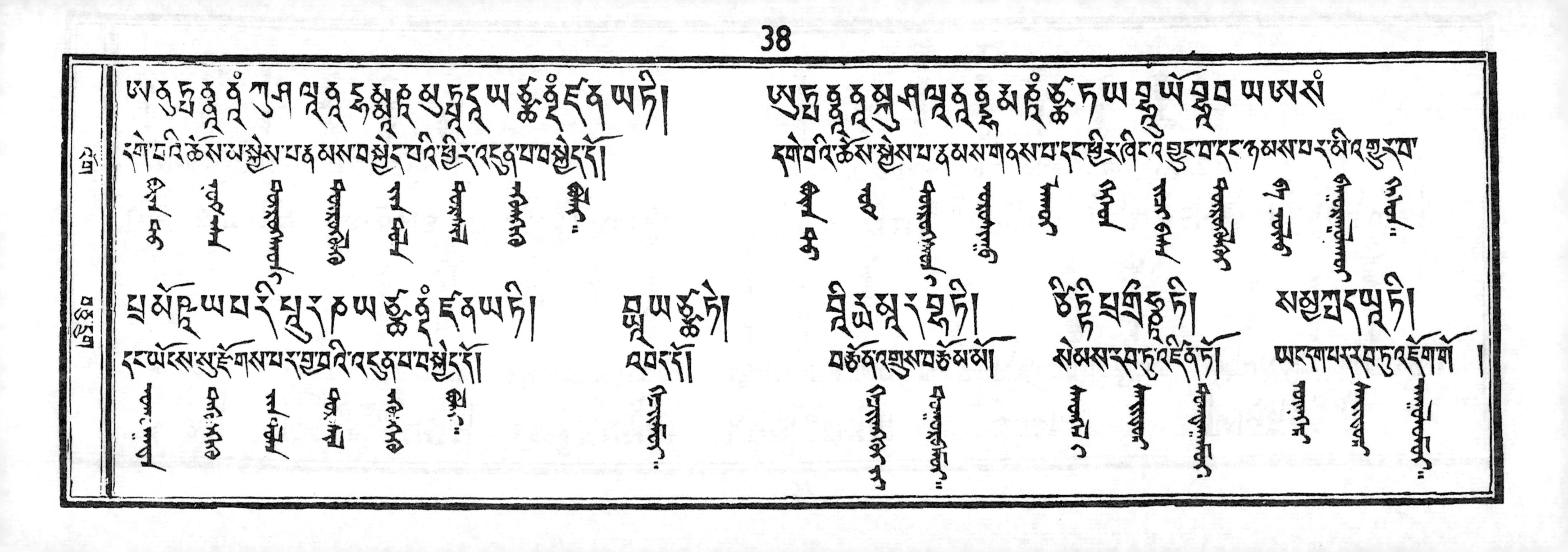

ཨ་ནུ་ཏྤནྣཱ་ནཱཾ་ཀུ་ཤ་ལཱ་ནཱཾ་དྷརྨཱ་ཎཱ་མུ་ཏྤཱ་དཱ་ཡ་ཚནྡཾ་ཛ་ན་ཡ་ཏི།

དགེ་བའི་ཆོས་མ་སྐྱེས་པ་རྣམས་བསྐྱེད་པའི་ཕྱིར་འདུན་པ་བསྐྱེད་དོ།

ཨུ་ཏྤནྣཱ་ནཱཾ་ཀུ་ཤ་ལཱ་ནཱཾ་དྷརྨཱ་ཎཱཾ་སྠི་ཏ་ཡེ་བྷཱུ་ཡོ་བྷཱ་ཝ་ཡ་ཨ་སཾ

དགེ་བའི་ཆོས་སྐྱེས་པ་རྣམས་གནས་པ་དང་ཕྱིར་ཞིང་འབྱུང་བ་དང་ཉམས་པར་མི་འབྱུང་བ

པྲ་མོ་ཀྵཱ་ཡ་བ་རི་པཱུ་ར་ཎ་ཡ་ཚནྡཾ་ཛ་ན་ཡ་ཏི།

དང་ཡོངས་སུ་རྫོགས་པར་བྱ་བའི་འདུན་པ་བསྐྱེད་དོ།

ཝྱཱ་ཡ་ཙྪ་ཏེ།

འབད་དོ།

བཱིརྱཾ་ཨཱ་ར་བྷ་ཏེ།

བརྩོན་འགྲུས་བརྩམ་མོ།

ཙིཏྟཾ་པྲ་གྲྀཧྞཱ་ཏི།

སེམས་རབ་ཏུ་འཛིན་ནོ།

སམྱཀ་པྲ་དདྷཱ་ཏི།

ཡང་དག་པར་རབ་ཏུ་འཇོག་གོ །

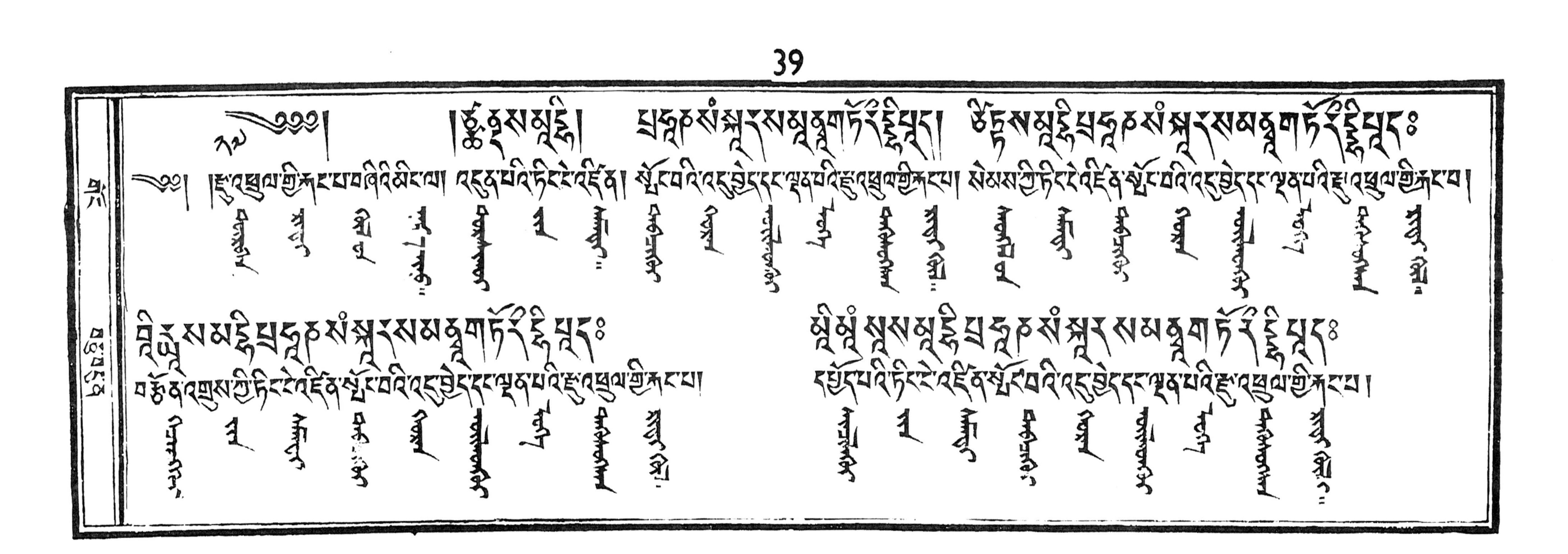

༄༅། །ཚནྡ་ས་མཱ་དྷི། པྲ་ཧཱ་ཎ་སཾ་སྐཱ་ར་ས་མནྭཱ་ག་ཏོ་རྀདྡྷི་པཱ་དཿ། ཙིཏྟ་ས་མཱ་དྷི་པྲ་ཧཱ་ཎ་སཾ་སྐཱ་ར་ས་མནྭཱ་ག་ཏོ་རྀདྡྷི་པཱ་དཿ

༄། །རྫུ་འཕྲུལ་གྱི་རྐང་པ་བཞི་རི་མིང་ལ། འདུན་པའི་ཏིང་ངེ་འཛིན། སྤོང་བའི་འདུ་བྱེད་དང་ལྡན་པའི་རྫུ་འཕྲུལ་གྱི་རྐང་པ། སེམས་ཀྱི་ཏིང་ངེ་འཛིན་སྤོང་བའི་འདུ་བྱེད་དང་ལྡན་པའི་རྫུ་འཕྲུལ་གྱི་རྐང་པ།

ཝཱིརྻ་ས་མཱ་དྷི་པྲ་ཧཱ་ཎ་སཾ་སྐཱ་ར་ས་མནྭཱ་ག་ཏོ་རྀདྡྷི་པཱ་དཿ

བརྩོན་འགྲུས་ཀྱི་ཏིང་ངེ་འཛིན་སྤོང་བའི་འདུ་བྱེད་དང་ལྡན་པའི་རྫུ་འཕྲུལ་གྱི་རྐང་པ།

མཱི་མཱཾ་སཱ་ས་མཱ་དྷི་པྲ་ཧཱ་ཎ་སཾ་སྐཱ་ར་ས་མནྭཱ་ག་ཏོ་རྀདྡྷི་པཱ་དཿ

དཔྱོད་པའི་ཏིང་ངེ་འཛིན་སྤོང་བའི་འདུ་བྱེད་དང་ལྡན་པའི་རྫུ་འཕྲུལ་གྱི་རྐང་པ།

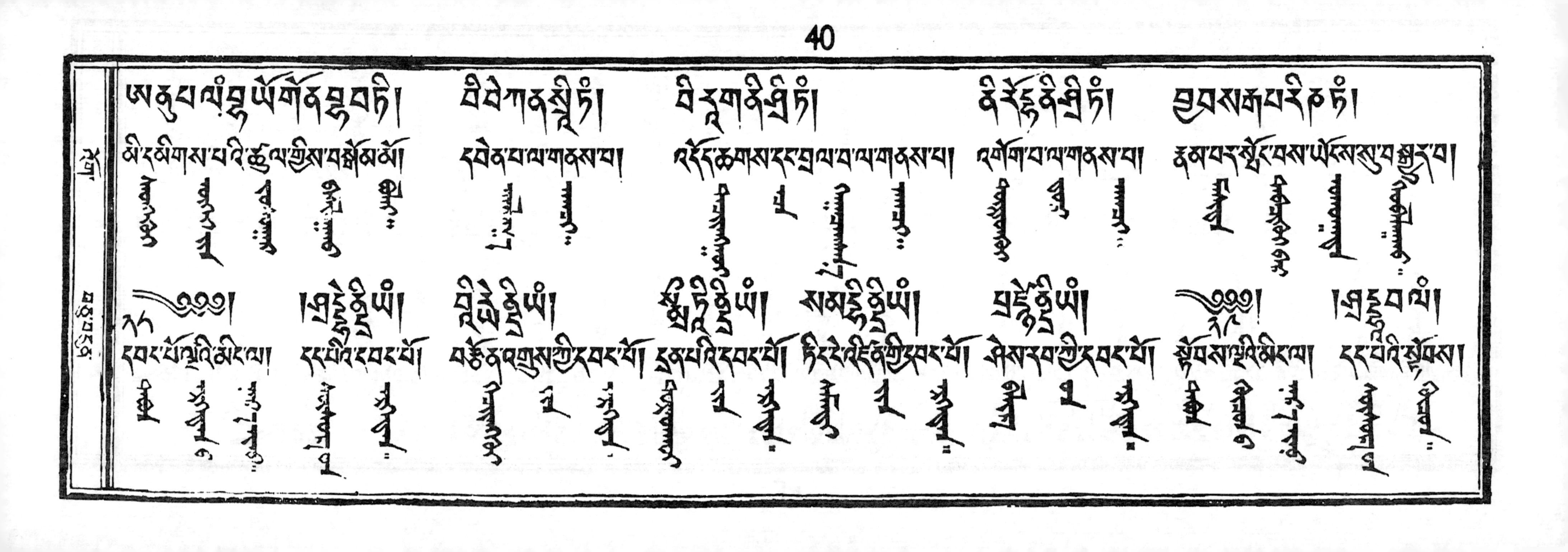

ཀྱེ

ཨ་ནུ་པ་ལཾ་བྷ་ཡོ་གོ་ན་བྷ་བ་ཏི། བི་བེ་ཀ་ནི་ཤྲི་ཏཾ། བི་རཱ་ག་ནི་ཤྲི་ཏཾ། ནི་རོ་དྷ་ནི་ཤྲི་ཏཾ། བྱ་བ་སརྒ་པ་རི་ཎ་ཏཾ།

མི་དམིགས་པའི་ཚུལ་གྱིས་བསྒོམ་མོ། དབེན་པ་ལ་གནས་པ། འདོད་ཆགས་དང་བྲལ་བ་ལ་གནས་པ། འགོག་པ་ལ་གནས་པ། རྣམ་པར་སྤོང་བས་ཡོངས་སུ་བསྒྱུར་བ།

བཞི་བཅུ་ཞེ་

༄༅། ཤྲདྡྷེནྡྲི་ཡཾ། བཱིཪྻེནྡྲི་ཡཾ། སྨྲྀ་ཏཱིནྡྲི་ཡཾ། ས་མཱ་དྷཱིནྡྲི་ཡཾ། པྲཛྙེནྡྲི་ཡཾ། ༄༅། ཤྲདྡྷཱ་བ་ལཾ།

དབང་པོ་ལྔའི་མིང་ལ། དད་པའི་དབང་པོ། བརྩོན་འགྲུས་ཀྱི་དབང་པོ། དྲན་པའི་དབང་པོ། ཏིང་ངེ་འཛིན་གྱི་དབང་པོ། ཤེས་རབ་ཀྱི་དབང་པོ། སྟོབས་ལྔའི་མིང་ལ། དད་པའི་སྟོབས།

༄༅༅། །བཱིཪྻ་བ་ལཾ། སྨྲྀ་ཏི་བ་ལཾ། སམཱ་དྷི་བ་ལཾ། པྲཛྙཱ་བ་ལཾ། ༣༠ ༄༅༅། །སྨྲྀ་ཏི་སཾ་བོ་དྷྱཾ་གཾ །

༄༅། །བརྩོན་འགྲུས་ཀྱི་སྟོབས། དྲན་པའི་སྟོབས། ཏིང་ངེ་འཛིན་གྱི་སྟོབས། ཤེས་རབ་ཀྱི་སྟོབས། བྱང་ཆུབ་ཡན་ལག་བདུན་གྱི་མིང་ལ། དྲན་པ་ཡང་དག་བྱང་ཆུབ་ཀྱི་ཡན་ལག །

དྷརྨ་པྲ་བི་ཙ་ཡ་སཾ་བོ་དྷྱཾ་གཾ ། བཱིཪྻ་སཾ་བོ་དྷྱཾ་གཾ ། པྲཱི་ཏི་སཾ་བོ་དྷྱཾ་གཾ ། པྲ་ཤྲབྡི་སཾ་བོ་དྷྱཾ་གཾ །

ཆོས་རབ་ཏུ་རྣམ་པར་འབྱེད་པ་ཡང་དག་བྱང་ཆུབ་ཀྱི་ཡན་ལག །བརྩོན་འགྲུས་ཡང་དག་བྱང་ཆུབ་ཀྱི་ཡན་ལག །དགའ་བ་ཡང་དག་བྱང་ཆུབ་ཀྱི་ཡན་ལག །ཤིན་ཏུ་སྦྱངས་པ་ཡང་དག་བྱང་ཆུབ་ཀྱི་ཡན་ལག །

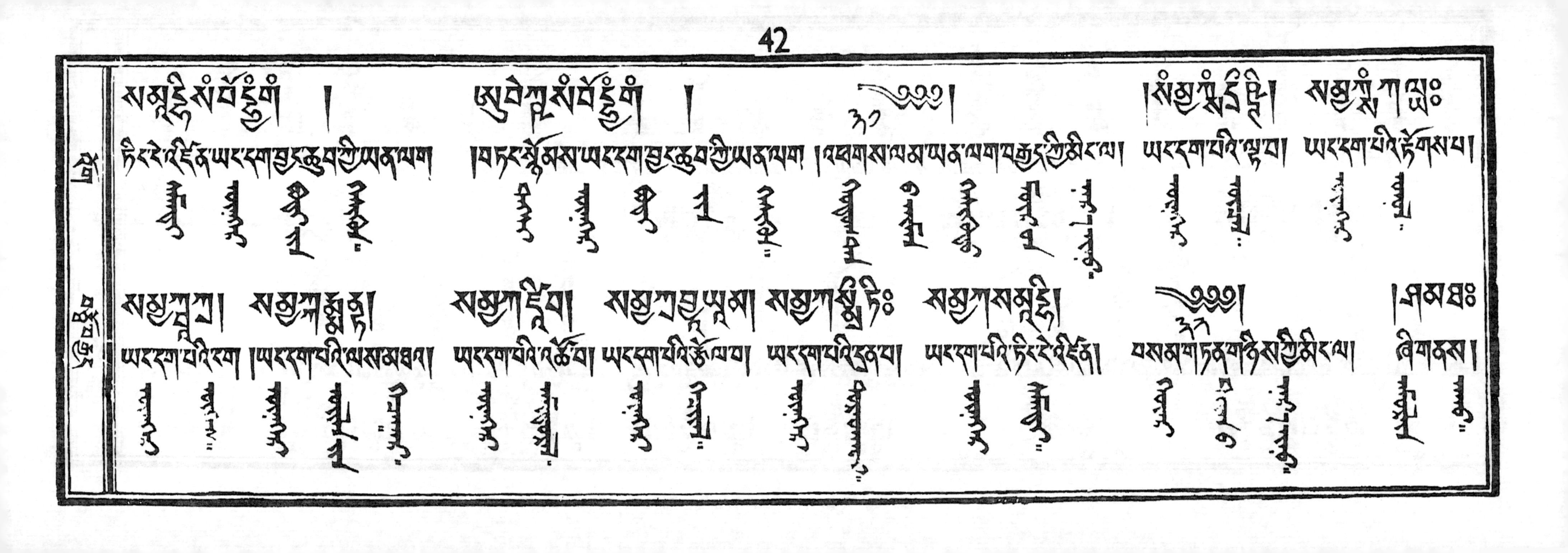

སམཱདྷིསཾབོདྷྱངྒཾ། ཨུཔེཀྵཱསཾབོདྷྱངྒཾ། ༣༡ ། །སམྱགྡྲྀཥྚིཿ། སམྱཀྶཾཀལྤཿ

ཏིང་ངེ་འཛིན་ཡང་དག་བྱང་ཆུབ་ཀྱི་ཡན་ལག །བཏང་སྙོམས་ཡང་དག་བྱང་ཆུབ་ཀྱི་ཡན་ལག །འཕགས་པ་ལམ་ཡན་ལག་བརྒྱད་ཀྱི་མིང་ལ། ཡང་དག་པའི་ལྟ་བ། ཡང་དག་པའི་རྟོགས་པ།

སམྱགྦཱཀ། སམྱཀྐརྨཱནྟཿ། སམྱགཱཛཱིབཿ། སམྱགྦྱཱཡཱམཿ། སམྱཀྶྨྲྀཏིཿ། སམྱཀྶམཱདྷིཿ། ༣༢ ། །ཤམཐཿ

ཡང་དག་པའི་ངག །ཡང་དག་པའི་ལས་ཀྱི་མཐའ། ཡང་དག་པའི་འཚོ་བ། ཡང་དག་པའི་རྩོལ་བ། ཡང་དག་པའི་དྲན་པ། ཡང་དག་པའི་ཏིང་ངེ་འཛིན། བསམ་གཏན་དང་གཟུགས་མེད་ཀྱི་མིང་ལ། ཞི་གནས།

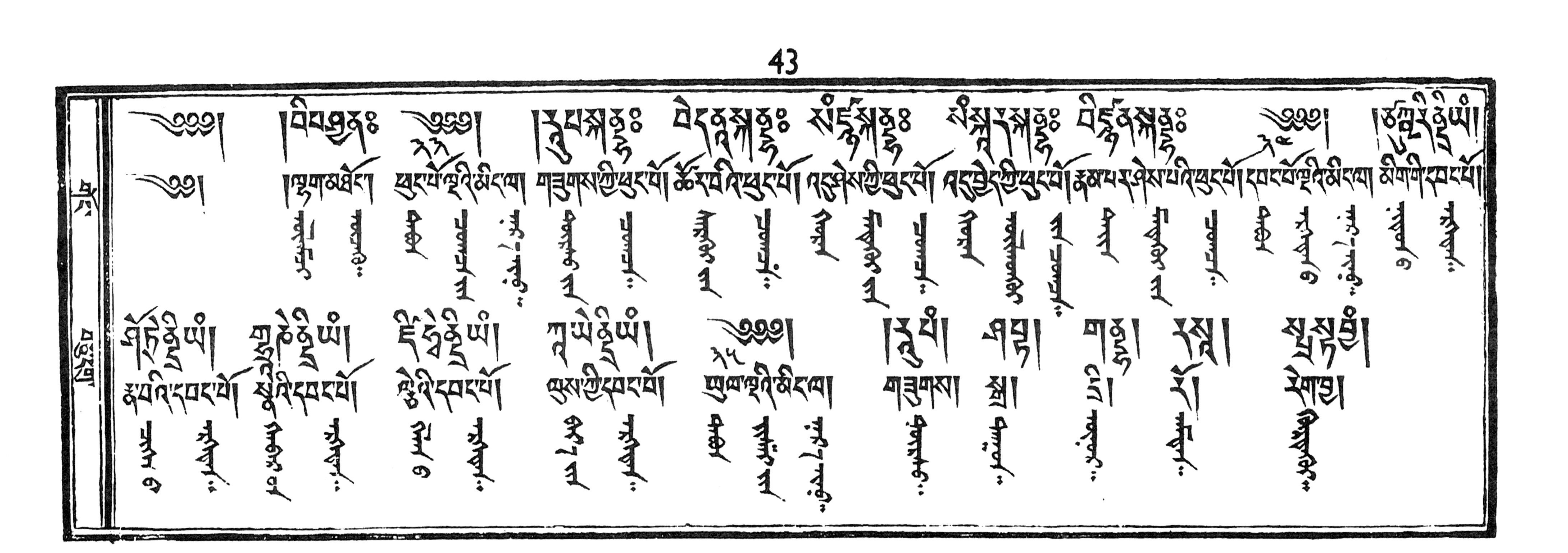

༄༅། །ཝི་བ་ཤྲ་ནཿ ༄༅། །རཱུ་པ་སྐནྡྷཿ ཝེ་ད་ན་སྐནྡྷཿ སཾ་ཛྙཱ་སྐནྡྷཿ སཾ་སྐཱ་ར་སྐནྡྷཿ ཝི་ཛྙཱ་ན་སྐནྡྷཿ ༄༅། །ཙཀྵུ་རིནྡྲི་ཡཾ།

༄། །ལྷག་མཐོང་། ཕུང་པོ་ལྔའི་མིང་ལ། གཟུགས་ཀྱི་ཕུང་པོ། ཚོར་བའི་ཕུང་པོ། འདུ་ཤེས་ཀྱི་ཕུང་པོ། འདུ་བྱེད་ཀྱི་ཕུང་པོ། རྣམ་པར་ཤེས་པའི་ཕུང་པོ། དབང་པོ་ལྔའི་མིང་ལ། མིག་གི་དབང་པོ།

ཤྲོ་ཏྲེནྡྲི་ཡཾ། གྷྲཱ་ཎེནྡྲི་ཡཾ། ཛི་ཧྭེནྡྲི་ཡཾ། ཀཱ་ཡེནྡྲི་ཡཾ། ༄༅། །རཱུ་པཾ། ཤབྡ། གནྡྷ། རས། སྤྲཥྚ་བྱཾ།

རྣ་བའི་དབང་པོ། སྣའི་དབང་པོ། ལྕེའི་དབང་པོ། ལུས་ཀྱི་དབང་པོ། ཡུལ་ལྔའི་མིང་ལ། གཟུགས། སྒྲ། དྲི། རོ། རེག་བྱ།

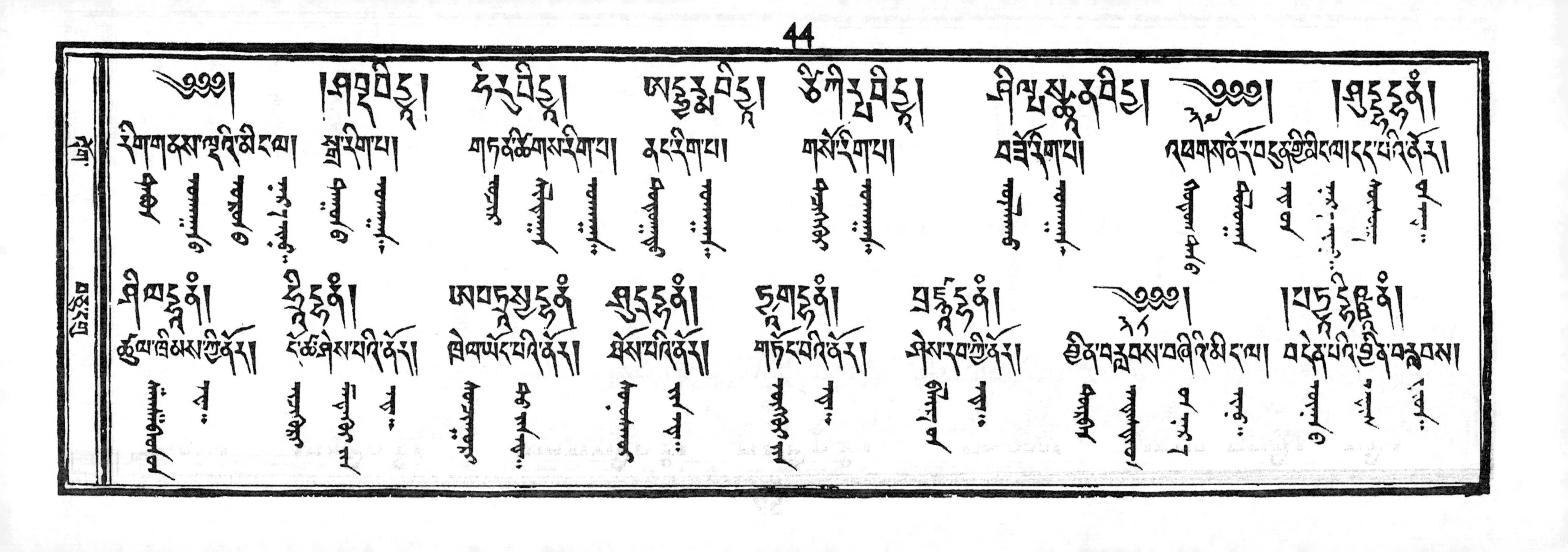

༄༅། །ཤབྡ་བི་དྱཱ། ཧེ་ཏུ་བི་དྱཱ། ཨ་དྷྱཱཏྨ་བི་དྱཱ། ཙི་ཀི་ཏྶཱ་བི་དྱཱ། ཤིལ་པ་སྠཱ་ན་བི་དྱཱ། ༄༅། །ཤྲདྡྷཱ་དྷ་ནཾ།

རིག་གནས་ལྔའི་མིང་ལ། སྒྲ་རིག་པ། གཏན་ཚིགས་རིག་པ། ནང་རིག་པ། གསོ་རིག་པ། བཟོ་རིག་པ། འཕགས་པའི་ནོར་བདུན་གྱི་མིང་ལ། དད་པའི་ནོར།

ཤཱི་ལ་དྷ་ནཾ། ཧྲཱི་དྷ་ནཾ། ཨ་པ་ཏྲཱ་པྱ་དྷ་ནཾ། ཤྲུ་ཏ་དྷ་ནཾ། ཏྱཱ་ག་དྷ་ནཾ། པྲཛྙཱ་དྷ་ནཾ། ༄༅། །ས་ཏྱཱ་དྷིཥྛཱ་ནཾ།

ཚུལ་ཁྲིམས་ཀྱི་ནོར། ངོ་ཚ་ཤེས་པའི་ནོར། ཁྲེལ་ཡོད་པའི་ནོར། ཐོས་པའི་ནོར། གཏོང་བའི་ནོར། ཤེས་རབ་ཀྱི་ནོར། བྱིན་བརླབས་བཞིའི་མིང་ལ། བདེན་པའི་བྱིན་བརླབས།

༣༣༢། །ཏྱ་ག་ཧྲྀ་ད་ཡཾ། ཨུ་བ་ས་མ་ཧྲྀ་ད་ཡཾ། པྲ་ཛྙཱ་ཧྲྀ་ད་ཡཾ། ༣༨ ༣༣༣། །ཏྲ་མཿ ཏ་པ་སྭཱི། པྲ་ཏི།

༣༣། །གཏོང་བའི་ཕྲིན་བརླབས། ཉེ་བར་ཞི་བའི་ཕྲིན་བརླབས། ཤེས་རབ་ཀྱི་ཕྲིན་བརླབས། གང་ཟག་གི་མིང་ལ། ཉུལ་བ། དཀའ་ཐུབ་པ། བརྟུལ་ཞུགས་ཅན།

ཡོ་ག་ཙཱ་རཿ ཡོ་གཱིཿ ཡོ་གཿ ༤༠ ༣༣༣། །པ་རི་ཀལྤི་ཏ་ལཀྵ་ཎཾ། པ་ར་ཏནྟྲ་ལཀྵ་ཎཾ།

རྣལ་འབྱོར་སྤྱོད་པ། རྣལ་འབྱོར་པ། རྣལ་འབྱོར། མཚན་ཉིད་གསུམ་གྱི་མིང་ལ། ཀུན་བརྟགས་པའི་མཚན་ཉིད། གཞན་གྱི་དབང་གི་མཚན་ཉིད།

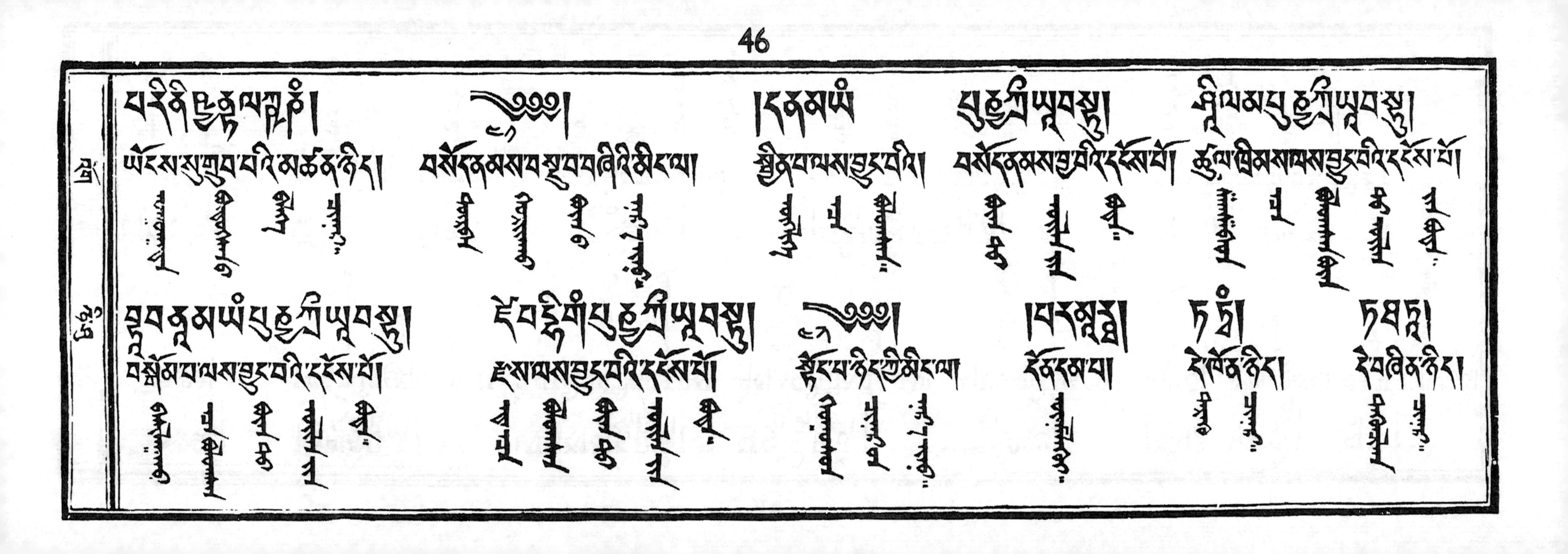

པ་རི་ནིཥྤནྣ་ལཀྵ་ཎཾ།	༄༅༅།	།དཱ་ན་མ་ཡཾ	པུ་ཎྱ་ཀྲི་ཡཱ་བསྟུ།	ཤཱི་ལ་མ་ཡཾ་པུ་ཎྱ་ཀྲི་ཡཱ་བསྟུ།
ཡོངས་སུ་གྲུབ་པའི་མཚན་ཉིད།	བསོད་ནམས་བསྐྱེད་བཞིའི་མིང་ལ།	སྦྱིན་པ་ལས་བྱུང་བའི།	བསོད་ནམས་བྱ་བའི་དངོས་པོ།	ཚུལ་ཁྲིམས་ལས་བྱུང་བའི་དངོས་པོ།

བྷཱ་བ་ནཱ་མ་ཡཾ་པུ་ཎྱ་ཀྲི་ཡཱ་བསྟུ།	ཨཽ་པ་དྷི་ཀཾ་པུ་ཎྱ་ཀྲི་ཡཱ་བསྟུ།	༄༅༅།	།པ་ར་མཱརྠ།	ཏ་ཏྭཾ།	ཏ་ཐ་ཏཱ།
བསྒོམས་པ་ལས་བྱུང་བའི་དངོས་པོ།	རྫས་ལས་བྱུང་བའི་དངོས་པོ།	སྟོང་པ་ཉིད་ཀྱི་མིང་ལ།	དོན་དམ་པ།	དེ་ཁོ་ན་ཉིད།	དེ་བཞིན་ཉིད།

།ནི་རྦཱ་ཎཾ།	ཨ་བྷི་ས་མ་ཡ།		།བོ་དྷི་ས་ཏྭ་པི་ཊ་ཀ་མ྄།	ལཾ་ཀཱ་བ་ཏཱ་ར་ས	གྷ་ན་བྱཱུ་ཧ།
།མྱ་ངན་ལས་འདས་པ།	མངོན་པར་རྟོགས་པ།	གསུང་རབ་ཀྱི་མིང་ལ།	བྱང་ཆུབ་སེམས་དཔའི་སྡེ་སྣོད།	ལངྐར་གཤེགས་པ།	སྟུག་པོ་བཀོད་པ།

སུ་བི་ཀྲཱནྟ་བི་ཀྲཱ་མི།	ཤཱ་ལི་སྟམྦ་ཀ་མ྄།	རཏྣོལྐཱ།	སརྦ་བཻ་དལྱ་སཾ་གྲ་ཧ།	སཾ་གྷ་ཊ་སཱུ་ཏྲཾ།	ཨ་བྷི་དྷརྨཿ
རབ་ཀྱི་རྩལ་གྱིས་རྣམ་པར་གནོན་པ།	སཱ་ལུ་ལྗང་པ།	དཀོན་མཆོག་ཏ་ལ་ལ།	རྣམ་པར་འཐག་པ་ཐམས་ཅད་བསྡུས་པ།	ཟུང་གི་མདོ།	ཆོས་མངོན་པ།

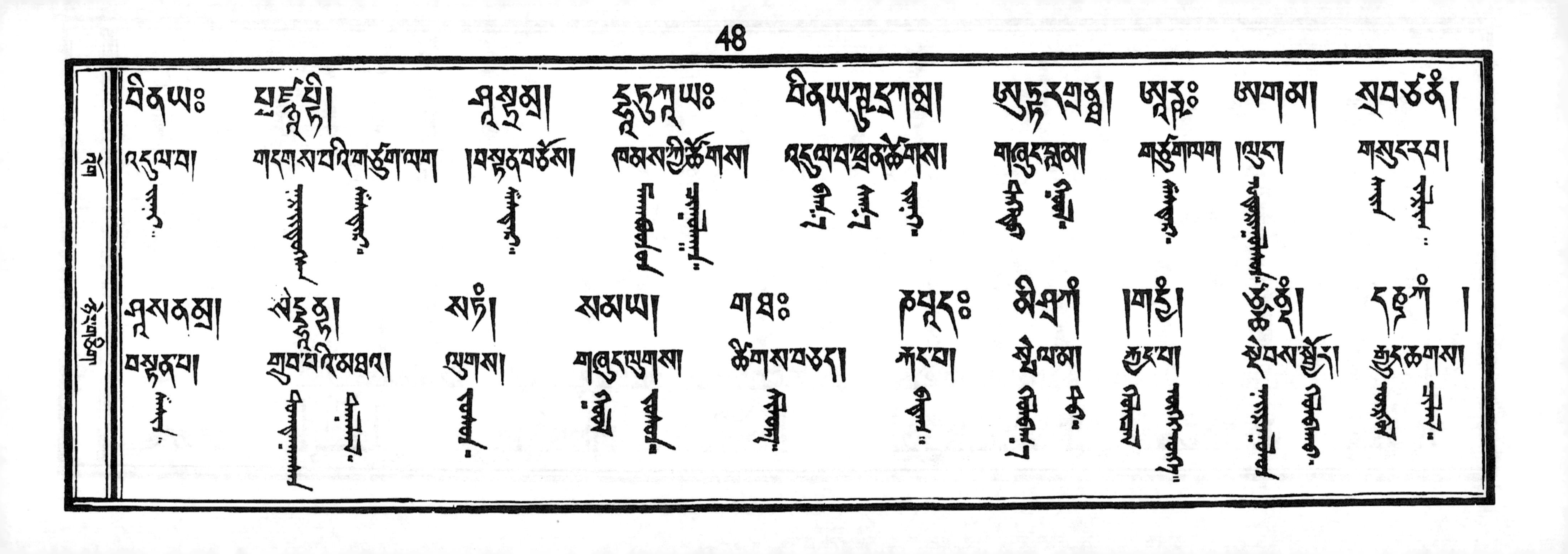

འདུལ་བ། གདགས་པ་པའི་གཙུག་ལག །བསྟན་བཅོས། ཁམས་ཀྱི་ཚོགས། འདུལ་བ་ཕྲན་ཚེགས། གཞུང་བླ་མ། གཙུག་ལག །ལུང་། གསུང་རབ།

བསྟན་པ། ཀླུབ་པའི་མཐའ། ལུགས། གཞུང་ལུགས། ཚིགས་བཅད། ཤར་བ། སྤྱི་ལམ། རྒྱུད་པ། སྤེལ་བས་སྦྱོར། རྒྱུད་ཆགས།

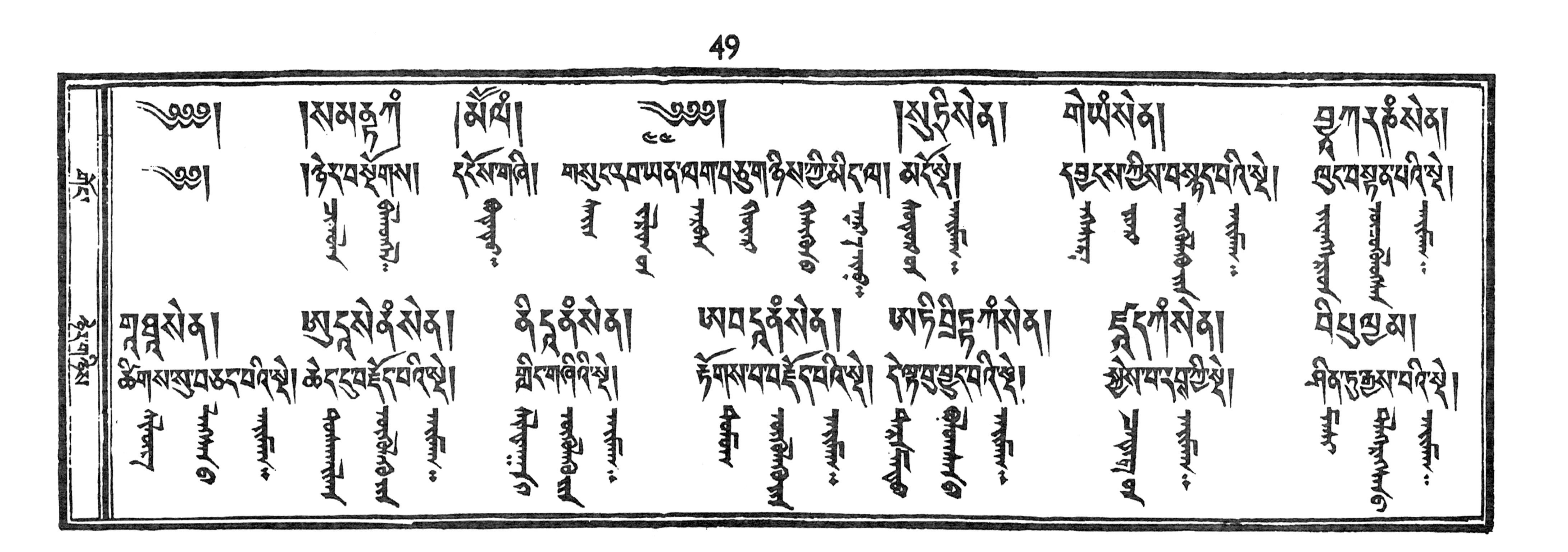

མདོ། ཉེར་བསྡོགས།

༄༅། །ས་མ་ནྟ་ཀཾ། །མཱུཾ་ཡཾ། ༄༅། ༤༥ །སུ་ཧི་ཏ་སེ་ན། ག་ཡཾ་སེ་ན། བུདྡྷ་ཀ་ར་ཏྣཾ་སེ་ན།

༄། །ཉེར་བསྡོགས། དོན་གཞི། གསུང་རབ་ཡན་ལག་བཅུ་གཉིས་ཀྱི་མིང་ལ། མདོ་སྡེ། དབྱངས་ཀྱིས་བསྙད་པའི་སྡེ། ལུང་བསྟན་པའི་སྡེ།

ཀཱ་ཐཱ་སེ་ན། ཨུ་དཱ་ན་སེ་ནཾ་སེ་ན། ནི་དཱ་ནཾ་སེ་ན། ཨ་བ་དཱ་ནཾ་སེ་ན། ཨི་ཏི་བྲི་ཏྟ་ཀཾ་སེ་ན། ཛཱ་ཏ་ཀཾ་སེ་ན། བཻ་པུ་ལྱ་མ།

ཚིགས་སུ་བཅད་པའི་སྡེ། ཆེད་དུ་བརྗོད་པའི་སྡེ། གླེང་གཞིའི་སྡེ། རྟོགས་པ་བརྗོད་པའི་སྡེ། དེ་ལྟ་བུ་བྱུང་བའི་སྡེ། སྐྱེས་པའི་རབས་ཀྱི་སྡེ། ཤིན་ཏུ་རྒྱས་པའི་སྡེ།

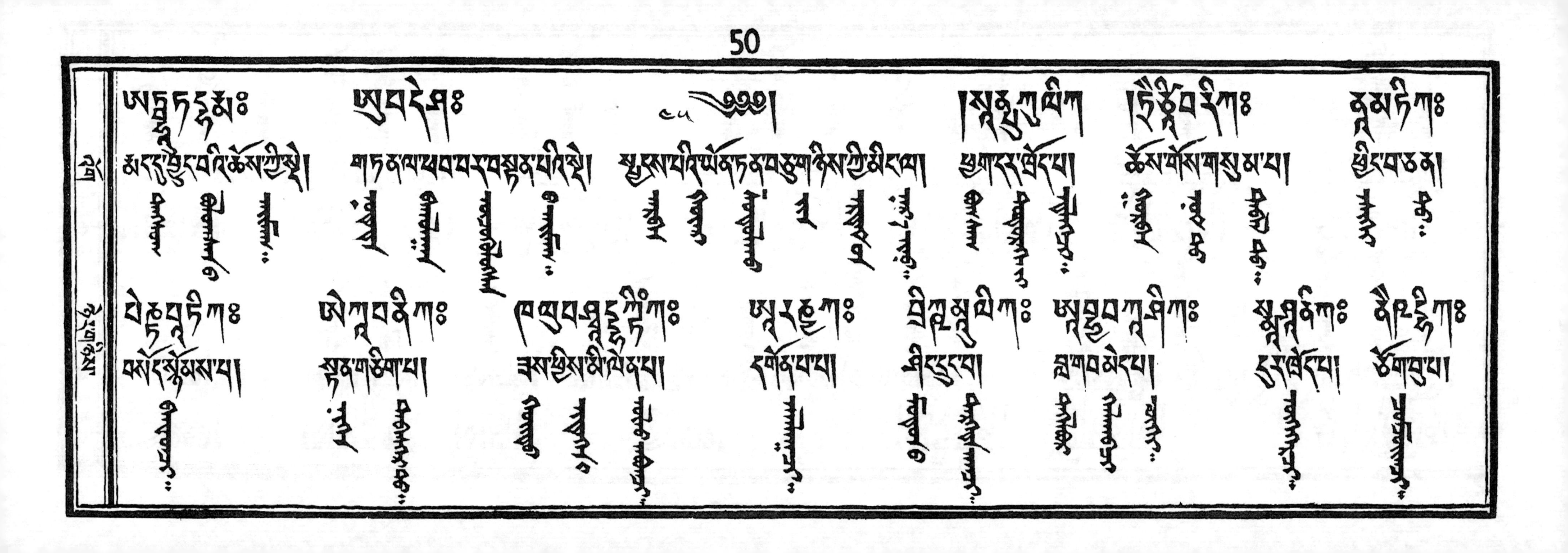

ཨ་ཀྲྀ་ཏ་ཛྙཾཿ ཨུ་པ་དེ་ཤཿ ༄༅༅། །པཱཾ་ཤུ་ཀཱུ་ལི་ཀ །ཏྲཻ་ཙཱི་ཝ་རི་ཀཿ ནཱ་མ་ཏི་ཀཿ

མ་དད་པ་ཕྱིར་བའི་ཆོས་ཀྱི་སྒོ། གདན་ལ་ཕབ་པ་རབ་བསྟན་པའི་སྒོ། སྦྱངས་པའི་ཡོན་ཏན་བཅུ་གཉིས་ཀྱི་མིང་ལ། ཕྱག་དར་ཁྲོད་པ། ཆོས་གོས་གསུམ་པ། ཕྱིང་པ་ཅན།

པཻ་ཎྜ་པཱ་ཏི་ཀཿ ཨཻ་ཀཱ་ས་ནི་ཀཿ ཁ་ལུ་པ་ཤྩཱ་དྦྷཀྟི་ཀཿ ཨཱ་ར་ཎྱ་ཀཿ བྲྀཀྵ་མཱུ་ལི་ཀཿ ཨཱ་བྷྱ་ཝ་ཀཱ་ཤི་ཀཿ ཤྨཱ་ཤཱ་ནི་ཀཿ ནཻ་ཥ་དྱི་ཀཿ

བསོད་སྙོམས་པ། སྟན་གཅིག་པ། ཟས་ཕྱིས་མི་ལེན་པ། དགོན་པ་པ། ཤིང་དྲུང་པ། བླ་གབ་མེད་པ། དུར་ཁྲོད་པ། ཙོག་པུ་པ།

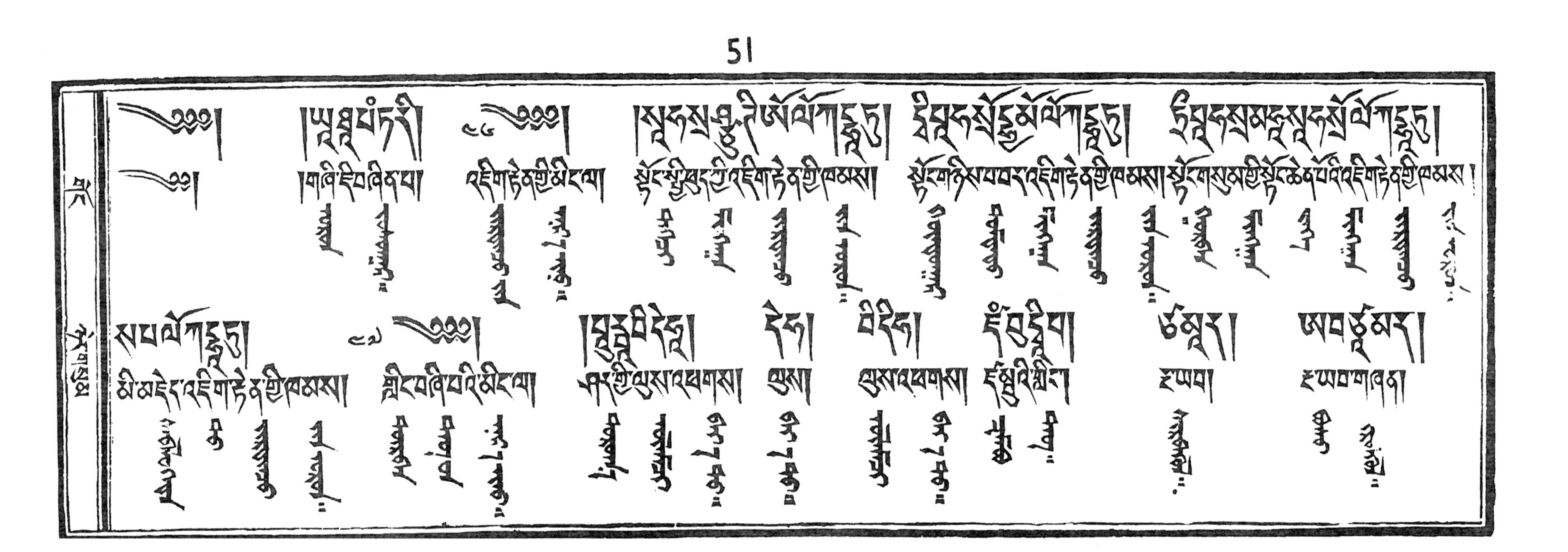

༄༅༅། །ཡུ་ཀྲཱ་པཾ་ད་རཱི ༥༨ ༄༅༅། །སཱ་ཧ་སྲ་ཙཱུ་ཌི་ཀོ་ལོ་ཀ་དྷཱ་ཏུ། དྭི་སཱ་ཧ་སྲོ་མ་དྷྱ་མོ་ལོ་ཀ་དྷཱ་ཏུ། ཏྲི་སཱ་ཧ་སྲ་མ་ཧཱ་སཱ་ཧ་སྲོ་ལོ་ཀ་དྷཱ་ཏུ།

༄༅། །གཞི་རྡོ་བཞི་ནས་པ། འཇིག་རྟེན་གྱི་མིང་ལ། སྟོང་སྤྱི་ཕུད་ཀྱི་འཇིག་རྟེན་གྱི་ཁམས། སྟོང་གཉིས་པ་བར་མའི་འཇིག་རྟེན་གྱི་ཁམས། སྟོང་གསུམ་གྱི་སྟོང་ཆེན་པོའི་འཇིག་རྟེན་གྱི་ཁམས།

ས་བ་ལོ་ཀ་དྷཱ་ཏུ། ༥༩ ༄༅༅། །པཱུརྦ་བི་དེ་ཧ། དེ་ཧ། བི་དེ་ཧ། ཛམྦུ་དྭཱི་པ། ཙ་མ་ར། ཨ་བ་ཙ་མ་ར།

མི་མཇེད་ཀྱི་འཇིག་རྟེན་གྱི་ཁམས། གླིང་བཞི་པའི་མིང་ལ། ཤར་གྱི་ལུས་འཕགས། ལུས། ལུས་འཕགས། འཛམ་བུའི་གླིང་། རྔ་ཡབ། རྔ་ཡབ་གཞན།

ཨ་པ་ར་གོ་ད་ནཱི་ཡ། ནུབ་ཀྱི་བ་ལང་སྤྱོད།

ཤཱ་ཋཱ། གཡོ་ལྡན།

ཨུཏྟ་ར་མནྟྲི་ཎ། ལམ་མཆོག་འགྲོ།

ཨུཏྟ་ར་ཀུ་རུ། བྱང་སྒྲ་མི་སྙན།

ཀུ་ར་བ། སྒྲ་མི་སྙན།

ཀཽ་ར་བ། སྒྲ་མི་སྙན་གྱི་ཟླ།

༥༡ ཁམས་གསུམ་གྱི་མིང་ལ།

ཀཱ་མ་དྷཱ་ཏུ། འདོད་པའི་ཁམས།

རཱུ་པ་དྷཱ་ཏུ། གཟུགས་ཀྱི་ཁམས།

ཨ་རཱུ་པ་དྷཱ་ཏུ། གཟུགས་མེད་པའི་ཁམས།

༥༢ འདོད་ལྷ་དྲུག་གི་མིང་ལ།

ཙཱ་ཏུར་མ་ཧཱ་རཱ་ཛ་ཀཱ་ཡི་ཀཱ། རྒྱལ་ཆེན་བཞི་རིས།

ཏྲ་ཡ་སྟྲིཾ་ཤཱ། སུམ་ཅུ་རྩ་གསུམ་པ།

ཡཱ་མཱ། འཐབ་བྲལ།

ཏུ་ཥི་ཏཱ། དགའ་ལྡན།

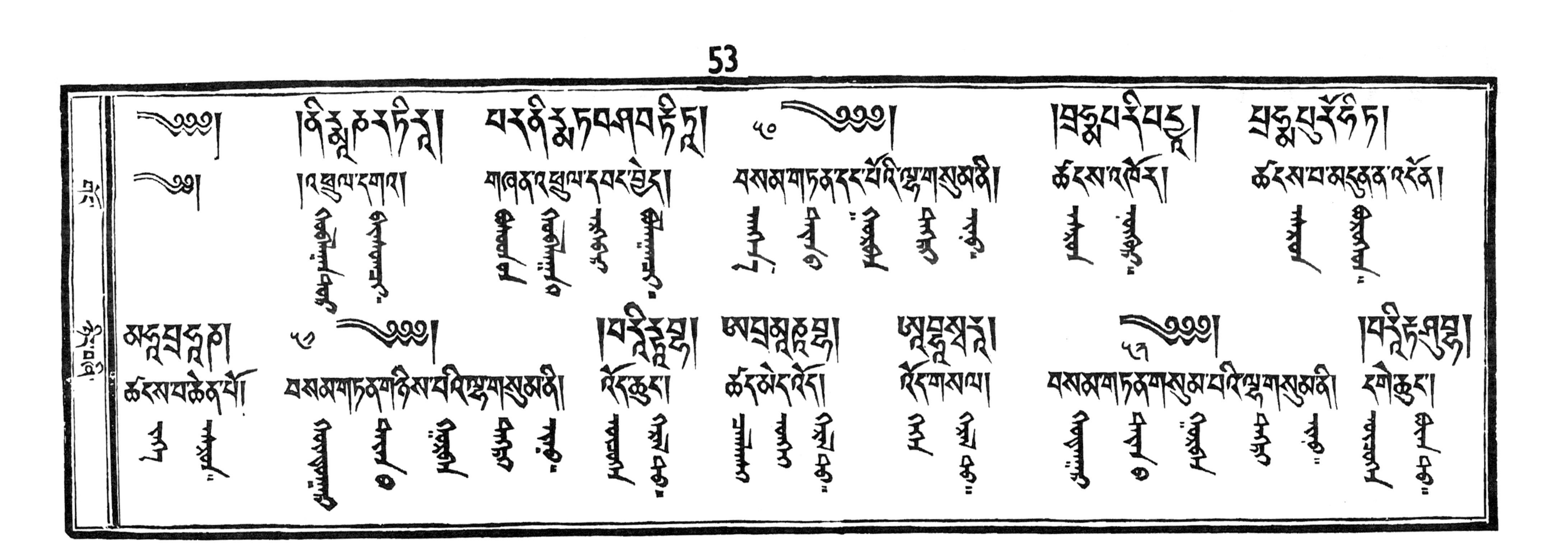

༥༠ ༄༅༅། ༄། །འཁྲུལ་དགའ། གཞན་འཁྲུལ་དབང་བྱེད། བསམ་གཏན་དང་པོའི་ལྷ་གསུམ་ནི། ཚངས་འཁོར། ཚངས་པ་མདུན་འདོན།

ཚངས་པ་ཆེན་པོ། ༥༡ ༄༅༅། བསམ་གཏན་གཉིས་པའི་ལྷ་གསུམ་ནི། འོད་ཆུང་། ཚད་མེད་འོད། འོད་གསལ། ༥༡ ༄༅༅། བསམ་གཏན་གསུམ་པའི་ལྷ་གསུམ་ནི། དགེ་ཆུང་།

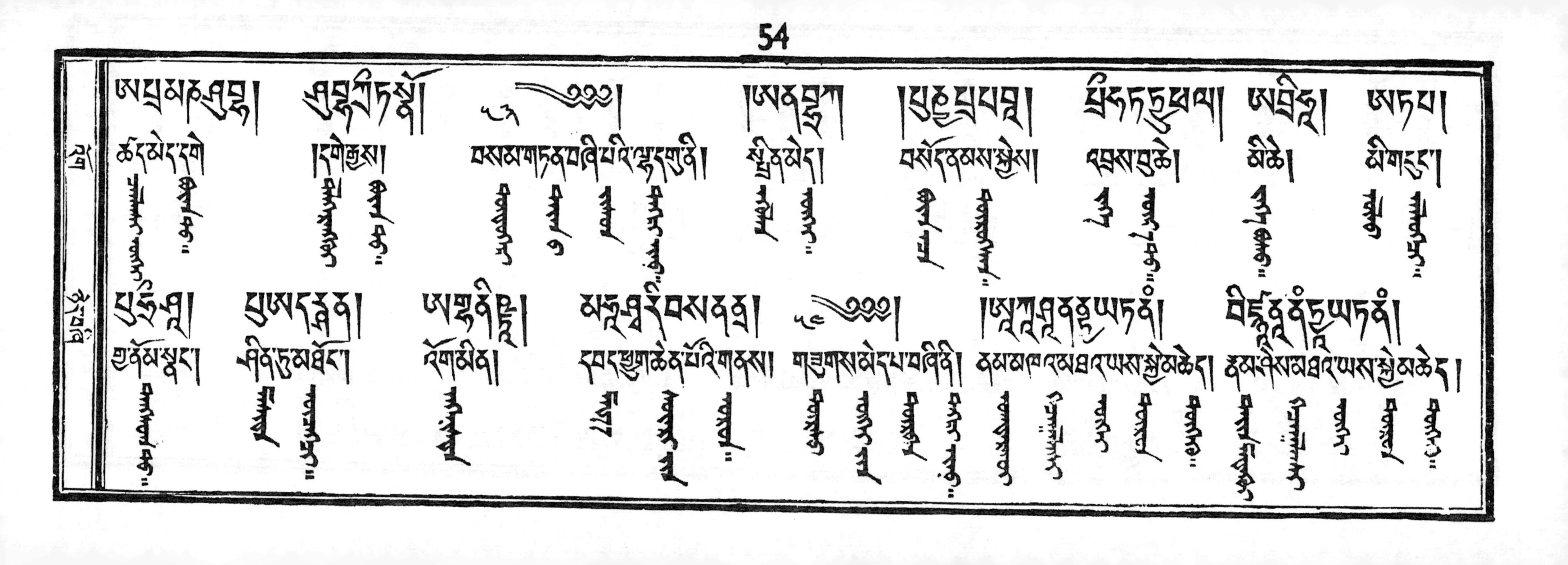

ལྔ། ཤེར་ཕྱིན

ཨ་པྲ་མཱ་ཎ་ཤུ་བྷཱ། ཚད་མེད་དགེ

ཤུ་བྷ་ཀྲྀ་ཏྶྣཱ། །དགེ་རྒྱས།

༥༣ ༣༣༣། བསམ་གཏན་བཞི་པའི་ལྷ་དགུ་ནི།

།ཨ་ན་བྷྲ་ཀཱ། སྤྲིན་མེད།

།པུ་ཎྱ་པྲ་སཱ་ཝཱ། བསོད་ནམས་སྐྱེས།

བྲྀ་ཧ་ཏ་ཕ་ལཱ། འབྲས་བུ་ཆེ།

ཨ་བྲྀ་ཧཱ། མི་ཆེ།

ཨ་ཏ་པཱ། མི་གདུང་།

སུ་དྲྀ་ཤཱ། གྱ་ནོམ་སྣང་།

སུ་ད་རྴ་ན། ཤིན་ཏུ་མཐོང་།

ཨ་ཀ་ནི་ཥྛཱ། འོག་མིན།

མ་ཧེ་ཤྭ་ར་བྷ་ཝ་ན། དབང་ཕྱུག་ཆེན་པོའི་གནས།

༥༨ ༣༣༣། གཟུགས་མེད་པ་བཞི་ནི།

།ཨཱ་ཀཱ་ཤཱ་ནནྟྱཱ་ཡ་ཏ་ནཾ། ནམ་མཁའ་མཐའ་ཡས་སྐྱེ་མཆེད།

བི་ཛྙཱ་ནཱ་ནནྟྱཱ་ཡ་ཏ་ནཾ། རྣམ་ཤེས་མཐའ་ཡས་སྐྱེ་མཆེད།

༄༅༅། |ཨཱཀིཾཙནྱཱཡཏནཾ། ནཻཝསཾཛྙཱནཱསཾཛྙཱཡཏནཾ། ༥༥ ༄༅༅། |པྲྀཐིབཱིདྷཱཏུ། ཨབྡྷཱཏུ། ཏེཛོདྷཱཏུ།

༄༅། |ཅི་ཡང་མེད་པའི་སྐྱེ་མཆེད། འདུ་ཤེས་མེད་འདུ་ཤེས་མེད་མིན་སྐྱེ་མཆེད། འབྱུང་བ་བཞིའི་མིང་ལ། ས་ཡི་ཁམས། ཆུ་ཡི་ཁམས། མེ་ཡི་ཁམས།

ཝཱཡུདྷཱཏུ། ༄༅༅། |ནཱིལཾ། པཱིཏཾ། ལོཧིཏཾ། ཨཝདཱཏཾ། ༥༦ ༄༅༅། |ཨབྷྲ། དྷཱུམ།

རླུང་གི་ཁམས། རྩ་བའི་ཁ་དོག་བཞིའི་མིང་ལ། སྔོན་པོ། སེར་པོ། དམར་པོ། དཀར་པོ། ཡན་ལག་གི་ཁ་དོག་བརྒྱད་ཀྱི་མིང་ལ། སྤྲིན། དུད།

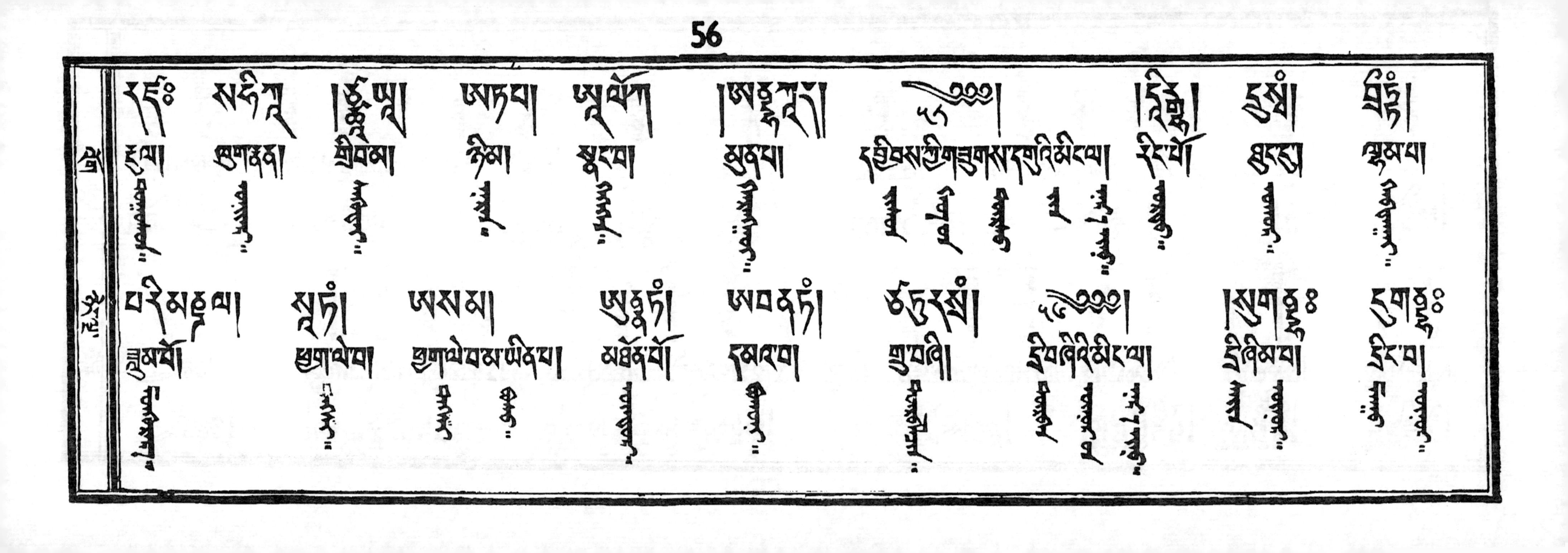

རཛཿ	རྡུལ།	[illegible]
སདིགྣ	སྤྲག་ཚན།	[illegible]
ཚཱཡཱ།	གྲིབ་མ།	[illegible]
ཨཏཔ།	ཉི་མ།	[illegible]
ཨུལྐཱ།	སྐར་མདའ།	[illegible]
ཨཧྣཱ་ཏྲ།	ཉིན་པ།	[illegible]
༥༦ 〰	དཔྱིད་ཀྱི་གཟུགས་ཀྱི་རྣམ་གྲངས་ཀྱི་མིང་ལ།	[illegible]
ནཱིལཱ།	རེ་ཁོ།	[illegible]
དྷཱུམྲཾ།	སྔོ་སྐྱ།	[illegible]
པཱིཏཾ།	ལྗང་ཁུ།	[illegible]
པརིམཎྜལ།	ཟླུམ་པོ།	[illegible]
སཱུཀྵྨཾ།	ཕྲ་བ།	[illegible]
ཨསམ།	ཕྱོགས་མཉམ་མ་ཡིན་པ།	[illegible]
ཨུནྣཏཾ།	མཐོན་པོ།	[illegible]
ཨཝནཏཾ།	དམའ་བ།	[illegible]
ཙཏུརསྲཾ།	གྲུ་བཞི།	[illegible]
༥༨ 〰	དྲི་བཞི་རི་མིང་ལ།	[illegible]
སུགནྡྷཿ	དྲི་ཞིམ་པ།	[illegible]
དུརྒནྡྷཿ	དྲི་ང་བ།	[illegible]

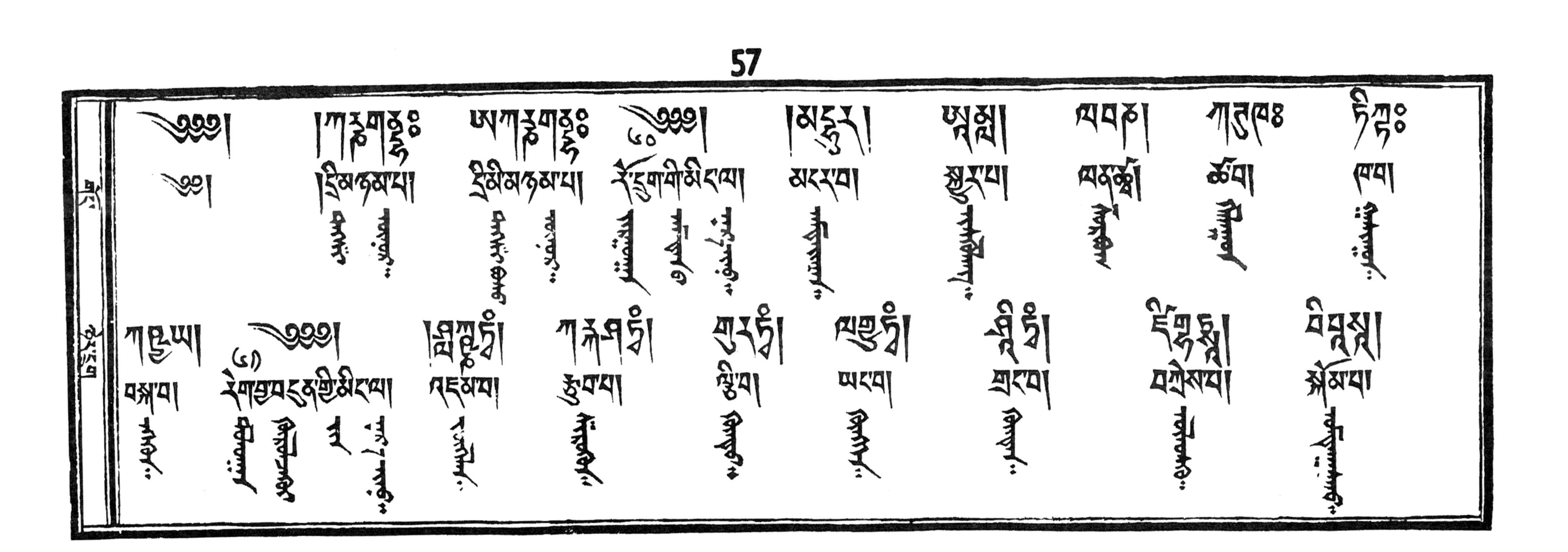

༄༅༅།	།ཀརྨཀརྨཿ	ཨཀརྨཀརྨཿ	༨༠ ༄༅༅།	།མདྷུ་ར།	ཨམླ།	ལཝ་ཎ།	ཀ་ཊུ་ཀཿ	ཏིཀྟཿ
༄༅།	།དྲི་མ་ཟམ་པ།	དྲི་མི་མ་ཟམ་པ།	རོ་དྲུག་གི་མིང་ལ།	མངར་བ།	སྐྱུར་བ།	ལན་ཚྭ།	ཚ་བ།	ཁ་བ།

ཀ་ཥཱ་ཡ།	༨༡ ༄༅༅།	།ཤླཀྵྞ་ཏྭཾ།	ཀ་ཪྐ་ཤ་ཏྭཾ།	གུ་རུ་ཏྭཾ།	ལ་གྷུ་ཏྭཾ།	ཤཱི་ཏཾ།	ཛི་གྷཏྶཱ།	པི་པཱ་སཱ།
བསྐ་བ།	རེག་བྱ་བཙུན་གྱི་མིང་ལ།	འཇམ་པ།	རྩུབ་པ།	ལྕི་བ།	ཡང་བ།	གྲང་བ།	བཀྲེས་པ།	སྐོམ་པ།

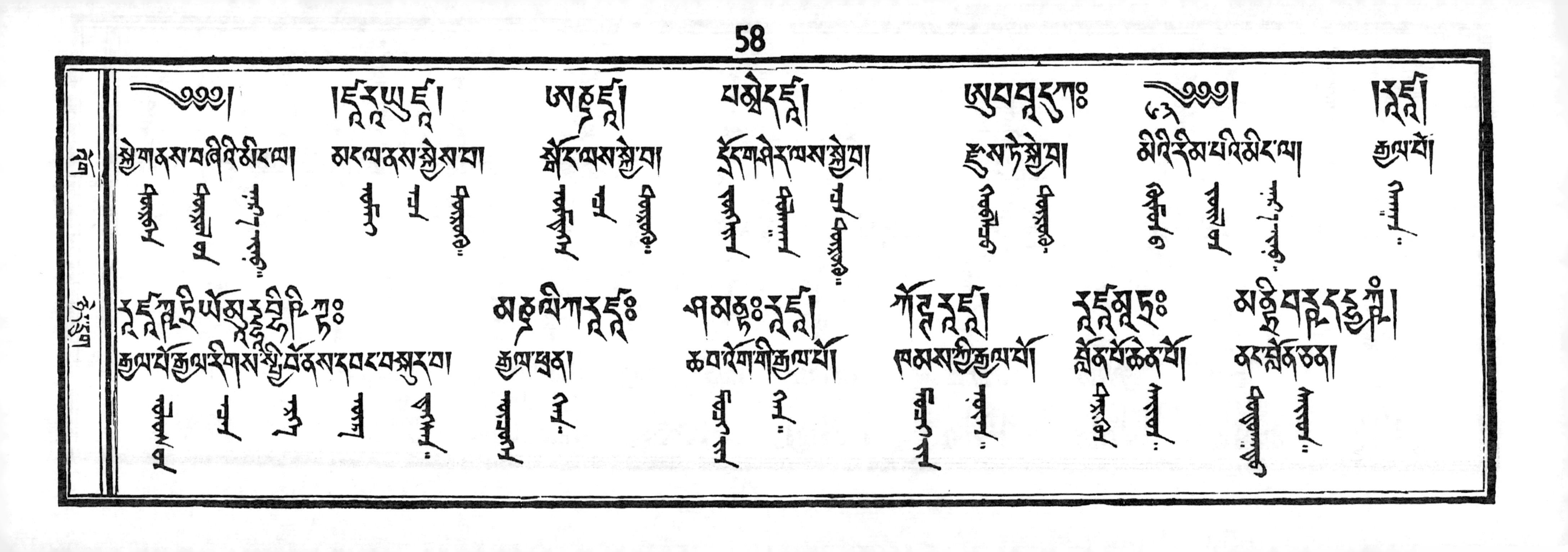

སྐྱེ་གནས་བཞི་འི་མིང་ལ། མངལ་ནས་སྐྱེས་པ། སྒོང་ལས་སྐྱེ་བ། དྲོད་གཤེར་ལས་སྐྱེ་བ། རྫུས་ཏེ་སྐྱེ་བ། མི་འི་རིགས་པའི་མིང་ལ། རྒྱལ་པོ།

རྒྱལ་པོ་རྒྱལ་རིགས་སྤྱི་བོ་ནས་དབང་བསྐུར་བ། རྒྱལ་ཕྲན། ཆ་བ་འཛིན་པ་གཞི་རྒྱལ་པོ། ཁམས་ཀྱི་རྒྱལ་པོ། སྟོན་པོ་ཆེན་པོ། ནང་བློན་ཅན།

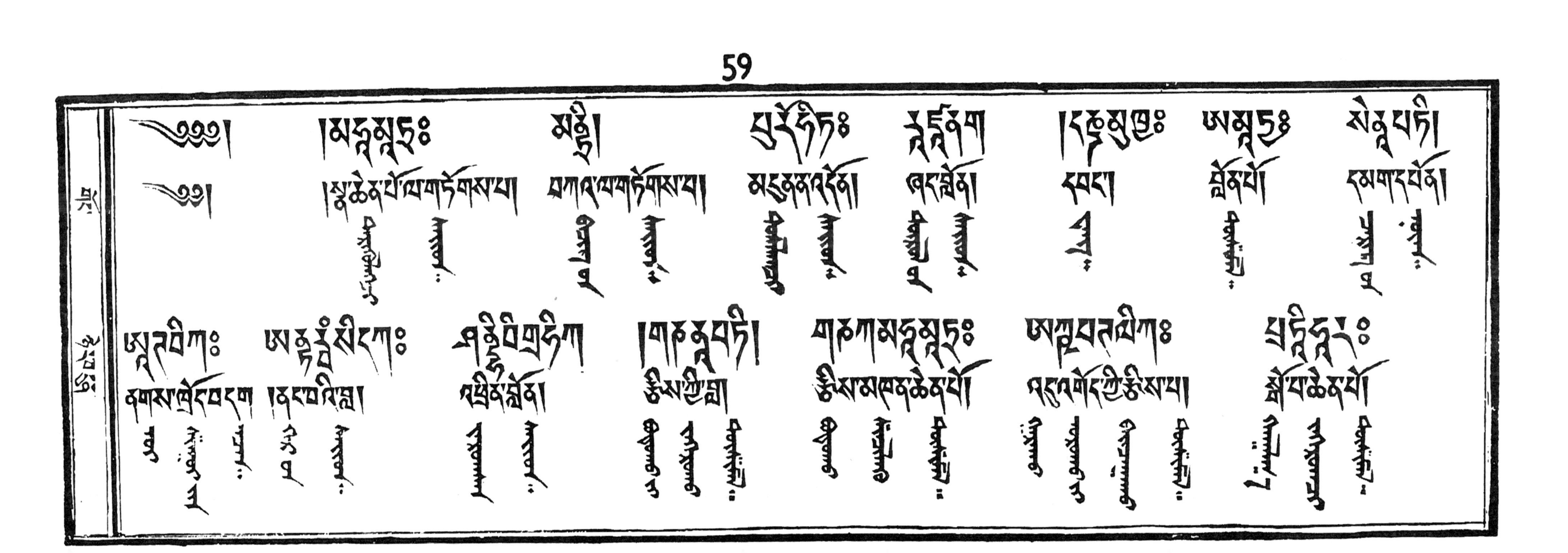

༄༅༅། །མཧཱ་མཱ་ཏྲཿ མནྟྲཱི། པུ་རོ་ཧི་ཏཿ ནཻ་མི་ཏྟི་ཀ །དཎྜ་པཱ་ཤི་ཀཿ ཨ་མཱ་ཏྱཿ སེ་ནཱ་པ་ཏི།

༄༅། །ལྷ་ཆེན་པོ་ལ་གཏོགས་པ། ཁྱབ་འཇུག་ལ་གཏོགས་པ། མདུན་ན་འདོན། ཞང་བློན། དཔང་། བློན་པོ། དམག་དཔོན།

ཨཱུ་ར་བི་ཀཿ ཨ་ཀྵ་ཏྲཾ་ཤི་ར་ཀཿ ཤཻ་ཝ་བྲ་ཏི་ཀ །གཎ་ཀ་བ་ཏི། གཎ་ཀ་མ་ཧཱ་མཱ་ཏྲཿ ཨ་ཀྵ་པ་ཊ་ལི་ཀཿ པྲ་ཏཱི་ཧཱ་རཿ

ནགས་ཁྲོད་པ་དག །ཞང་བ་ལི་སླ། ཁྲིན་སྐྱོན། ཚོགས་ཀྱི་བླ། རྩིས་མཁན་ཆེན་པོ། འདུན་པ་གོང་གི་རྩིས་པ། སྒོ་པ་ཆེན་པོ།

ཀྵམ་ཏྲཱི་ཀཱ་ར་ཎཱ།	ཚོས་པ་ཞིན་ག་ཚོད་པ།
སྦྲ་རེ་ཏྲཱ།	ཞལ་ཆེ་བ།
ནྲྀ་ཡ་ཀཱཿ	སྡེ་དཔོན།
ཨ་སྲུ་པ་ཏི།	ཆིབས་ཀྱི་སྨ།
པྲི་ཤུ་པ་ཏི།	གླང་པོ་ཆེའི་སྨ།
གཾ་ཛ་པ་ཏིཿ	རྟོ་ར་ཁྱི་སྨ།
ཙཾ་དྲ་རཾ་པ་ཏིཿ	མདོས་སྒ་ཁུག་གི་སྨ།
གོ་དྲ་སྭ་ལཿ	ཙེ་རྗེ།
ཨ་ཏྲ་པ་ལཿ	སོ་སྲུང་།
དཀྲ་པ་ལ།	རྗོང་སྲུང་།
ཤྲེ་ཥྛི།	ཚོང་དཔོན།
བི་ཥ་ཡ་པ་ཏི།	ཡུལ་དཔོན།
ནཱ་ག་ར་པ་ཏིཿ	གྲོང་ཁྱེར་ཁྱི་སྨ།
གྲཱ་མ་པ་ཏིཿ	གྲོང་དཔོན།
པཽ་ར་ཛ་ན་ར་ཀཿ	གྲོང་གི་སྨ།
ནཻ་ཡུ་ཀཱཿ	སྣ་ར་བསྐོས་པ།
ཀྵ་ཏ་བ་ལྷཱཿ	ཕྱེ་མ་ཁྱིར།

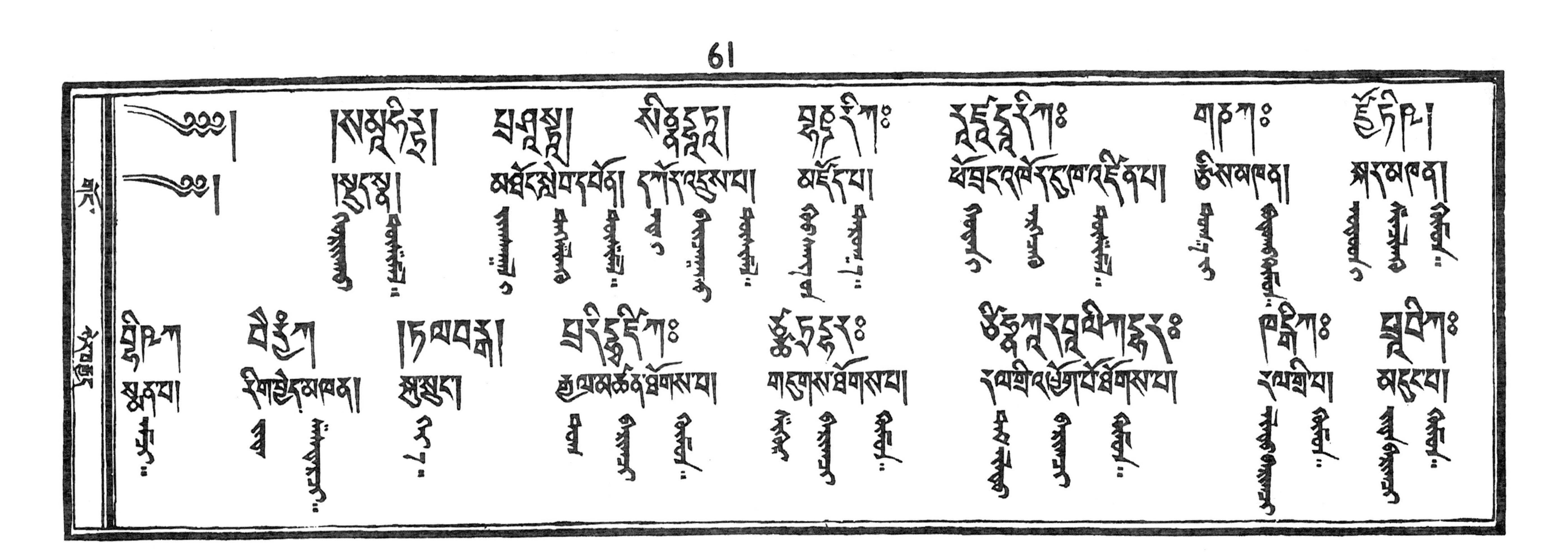

༄༅༅།	।སམྦྷེ་ཏཱ།	པྲ་ཛྙཱ།	སིནྡྷུ་ར།	སྭ་ཧཱ་རི་ཀཿ	སྟྭཱ་ཏྭ་རི་ཀཿ	གཱ་ཛ་ཀཿ	ཧྲི་ཏི་ཀ།
༄༅།	।ཀུན་ལྡན།	མཐོང་སྣེ་པ་དཔོན།	དཀོར་འབྱུང་པ།	མཛེར་པ།	ཕོ་བྲང་འཁོར་ཁྱེར་འཛིན་པ།	ཚེམས་མཁན།	སྐར་མཁན།

གྷྲི་ཊ་ཀ	ཝཻ་ཏྲི་ཀ	।ཏ་ལ་བ་ཙྭ།	པྲ་ཏི་ཧཱ་རི་ཀཿ	ཀྵཱ་ཏ་དྷཱ་རཿ	ཨུ་ཏྤ་ལ་ར་བྲ་ཐི་ཀ་རྟཿ	ཁ་ཌ་ཀཿ	ཕྲ་ཤི་ཀཿ
སྨན་པ།	རིགས་བྱེད་མཁན།	སྤུ་སྤུང་།	རྒྱལ་མཚན་སྤོགས་པ།	གཏུགས་སྤོགས་པ།	དཔལ་གྲི་འཕྱོར་པོ་སྤོགས་པ།	དཔལ་གྲི་པ།	མཚང་པ།

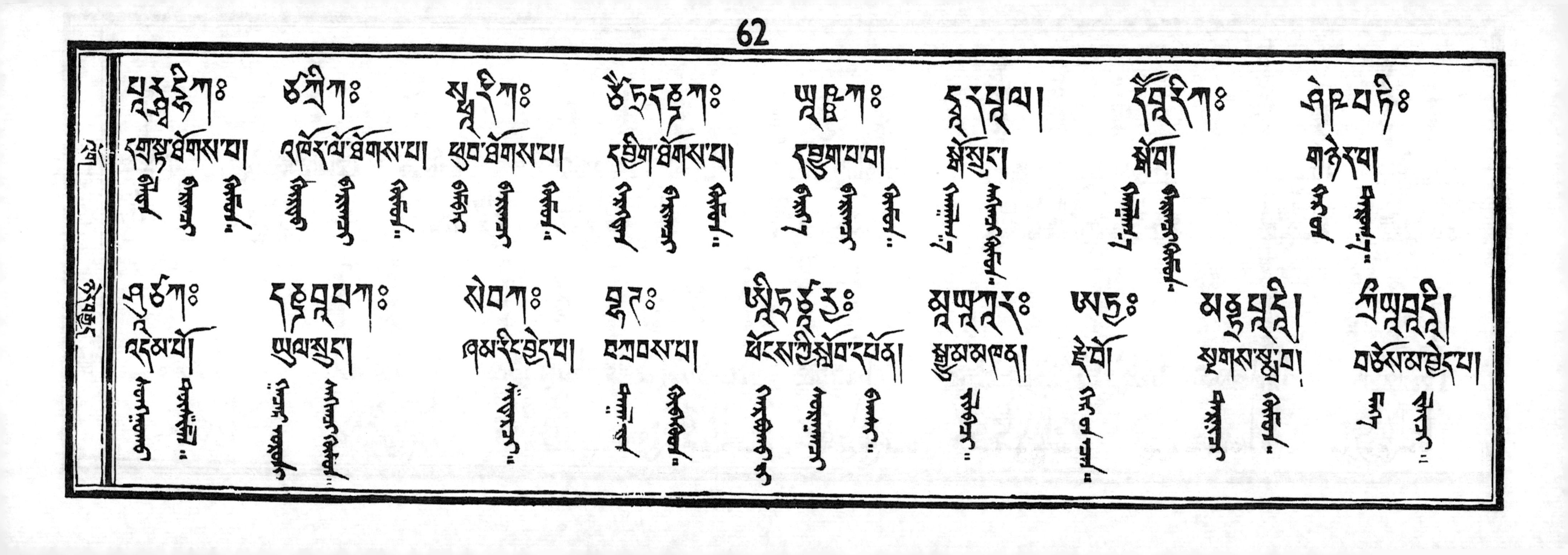

པརྴྭདྷིཀཿ	དགྲ་སྟ་ཐོགས་པ།	[illegible]
ཙཱཀྲིཀཿ	འཁོར་ལོ་ཐོགས་པ།	[illegible]
སྲྀཎིཀཿ	ཕྱུབ་ཐོགས་པ།	[illegible]
ཏཽདརཧྲཀཿ	དབྱིག་ཐོགས་པ།	[illegible]
ཡཥྚིཀཿ	དབྱུག་པ་པ།	[illegible]
དྭཱརཔཱལ།	སྒོ་སྲུང་།	[illegible]
དཽཝཱརིཀཿ	སྒོ་བ།	[illegible]
ཨེཊཔཏིཿ	གཉེར་བ།	[illegible]
སཱུཙཀཿ	འདེམ་པོ།	[illegible]
དཎྜཔཱཤཀཿ	ཡུལ་སྲུང་།	[illegible]
སེབཀཿ	ཞམ་རིང་བྱེད་པ།	[illegible]
ཙེཊཿ	བཀྲབས་པ།	[illegible]
ཡོགྱཱཙཱཪྻཿ	ཕོངས་ཀྱི་སློབ་དཔོན།	[illegible]
ནཤཀཱརཿ	སྦྲུམ་མཁན།	[illegible]
ཨཛྙཿ	རྟེ་པོ།	[illegible]
མཉྫུབྷཱཎཱི།	སྟུགས་སྨྲ་བ།	[illegible]
ཤྲཱིཥྞདྲི།	བཙོས་མ་བྱེད་པ།	[illegible]

༄༅༅།	།ཁཎྜ་པ་རྴི།	ཏྲི་ཏ་པྲ་ཤྲི།	ལུཎྜ་ཀཿ	སྣཱ་ཏི་ཀཿ	སྦ་ཀུ་སྟི་ཀཿ	ཧཻ་ར་ཎྜ་ཀཿ	སཽ་ཀ་རི་ཀཿ
༄༅།	།ས་གཞི་རེ་ལྟ་ཞེས་པ།	ཉེ་རབ་སྦྱུར་མཁན།	རྡོབ་པ།	ཁྲུས་པ།	ཕྲུ་པ།	སྨན་པ།	ཕག་འཚོང་བ།
གོ་ཤྲ་ཏ་ཀ	།ཨཽ་ར་བྷྲ་ཀ	།ཉྨ་ག་བ་ཏྲ་ཀཿ	སྤྲཾ་ག་ན་རི་ཀཿ	ཛྷ་ལ་བཀྲ་ཀཿ	ཏྲ་རྡི་ཀཿ	ཏ་ནྟ་ཀ	།སྦུ་ཏ་རྡྷ་རཿ
བ་ལང་རྣམས་སྐྱོང་བ།	ལུག་གཤག་འཚོང་བ།	གླང་པོ་ཆེ་འཛིན་པ།	སྤྲེའུམས་མཁས་པ།	བྱུག་ཚོང་བ།	བཙོ་བླག་མཁན།	ཤིང་མཁན།	ཞིག་མཁན།

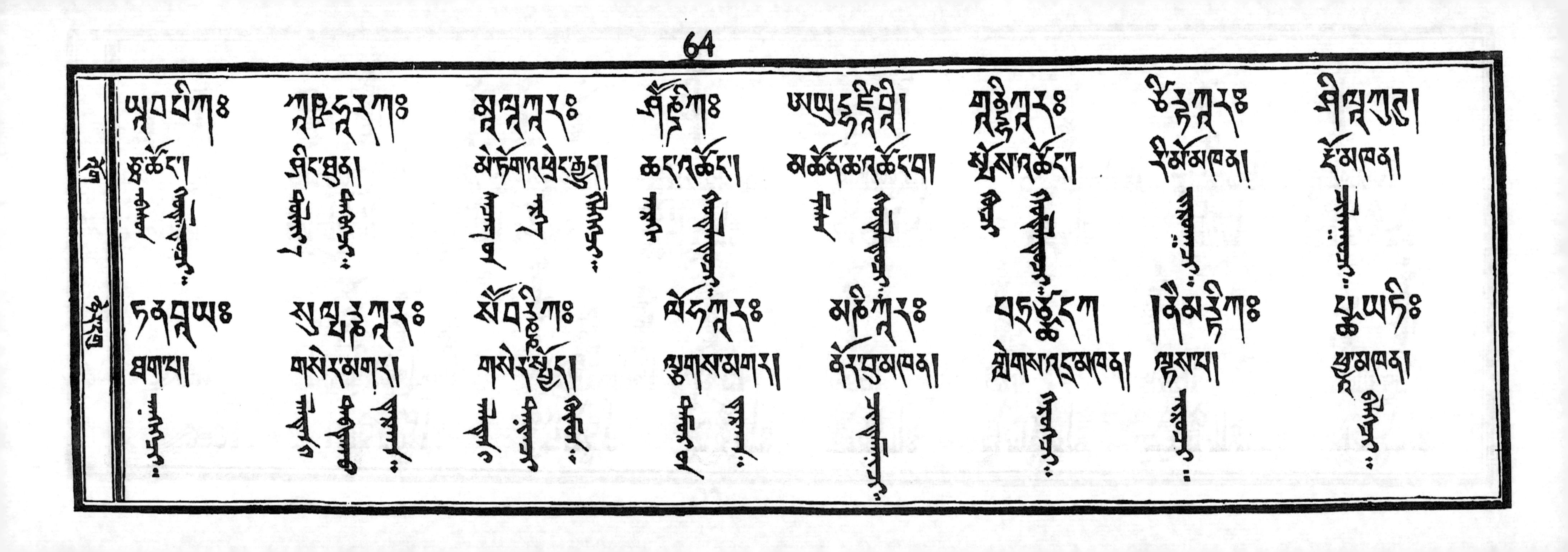

ཡཱ་བ་པི་ཀཿ	ཕྱ་ཚོད།	[illegible]
ཀཱ་ཙྪ་ཧྲ་ར་ཀཿ	ཤིང་ཐུན།	[illegible]
མཱ་ལཱ་ཀཱ་རཿ	མེ་ཏོག་འཕྲེང་རྒྱུད།	[illegible]
ཤཽཎྜི་ཀཿ	ཆང་འཚོང་།	[illegible]
ཨཱ་ཡུ་དྷ་ཛཱི་བཱི།	མཚོན་ཆ་འཚོང་བ།	[illegible]
གཱནྡྷི་ཀཱ་རཿ	སྤོས་འཚོང་།	[illegible]
ཙི་ཏྲ་ཀཱ་རཿ	རི་མོ་མཁན།	[illegible]
ཤི་ལྤ་ཀཱ་ཏྲ།	བཟོ་མཁན།	[illegible]
ཏནྟྲཱ་ཡཿ	ཐག་པ།	[illegible]
སུ་ཝརྞ་ཀཱ་རཿ	གསེར་མགར།	[illegible]
སཽ་བ་རྣི་ཀཿ	གསེར་སྦྱོང་།	[illegible]
ལོ་ཧ་ཀཱ་རཿ	ལྕགས་མགར།	[illegible]
མ་ཎི་ཀཱ་རཿ	ནོར་བུ་མཁན།	[illegible]
པ་ཊ་ཙྪེ་ད་ཀ	སྙིགས་འདྲམ་མཁན།	[illegible]
ཀཻ་མ་རྟི་ཀཿ	ལྷས་པ།	[illegible]
པུཥྐ་ཡ་ཏིཿ	ཕྲུ་མཁན།	[illegible]

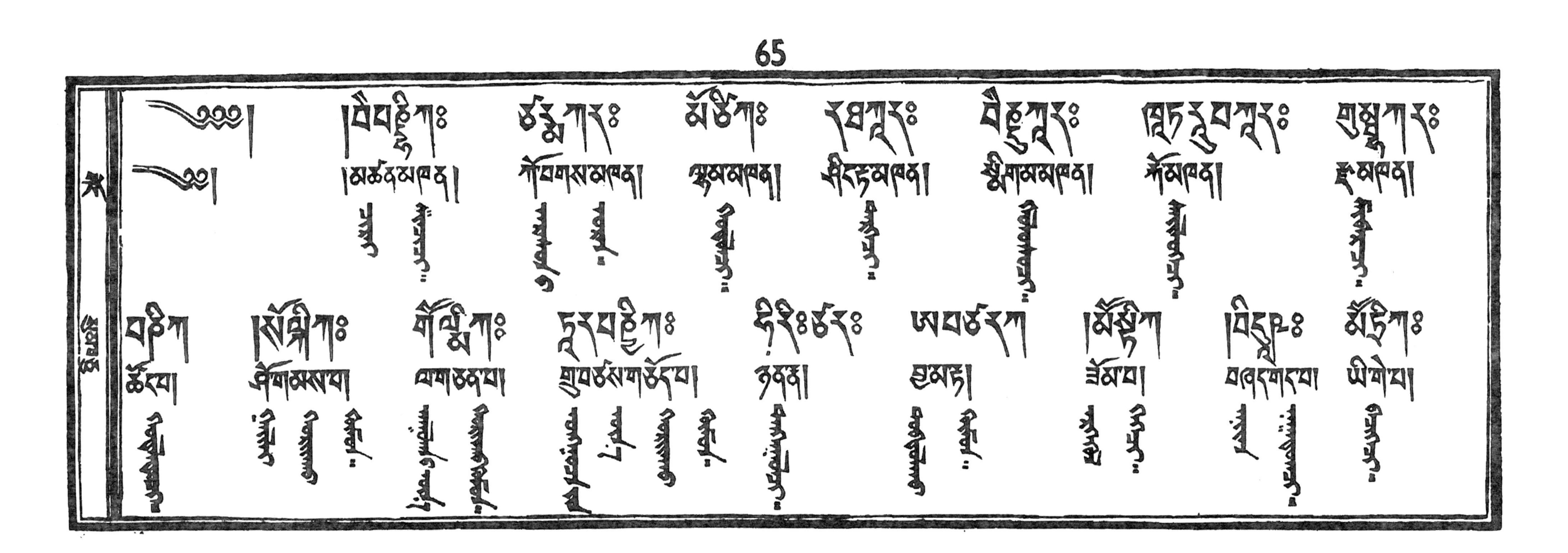

༄༅༅། |བཻ་བ་ཧྲི་ཀཿ ཙརྨ་ཀ་རཿ མོ་ཙི་ཀཿ རཐ་ཀཱ་རཿ བཻ་ཎུ་ཀཱ་རཿ ཀྵཏྟ་བ་ཀཱ་རཿ ཀུམྦྷ་ཀཱ་རཿ

༄༅། |མཚན་མཁན། ཀོ་བགས་མཁན། ལྷམ་མཁན། ཤིང་རྟ་མཁན། སྨྱིག་མ་མཁན། ཤོ་མཁན། རྫ་མཁན།

བ་ཎི་ཀ |སཽ་གྷི་ཀཿ བཻ་ཥྞི་ཀཿ དྷ་ར་བ་ཧྲི་ཀཿ དྷཱི་བཿ ཙ་རཿ ཡ་བ་ཙ་ར་ཀ |མཽ་ཥྚི་ཀ |བི་དཱུ་ཥཿ ལེ་ཁི་ཀཿ

ཚོང་པ། ཉོ་ག་མཁས་པ། ལག་ཅན་པ། ཁྲབ་ཅན་ལག་ཆོང་པ། ཉ་བ། ཧུ་མ་རྫ། ཐེ་མ་པ། བཞད་གད་པ། ཡི་གེ་པ།

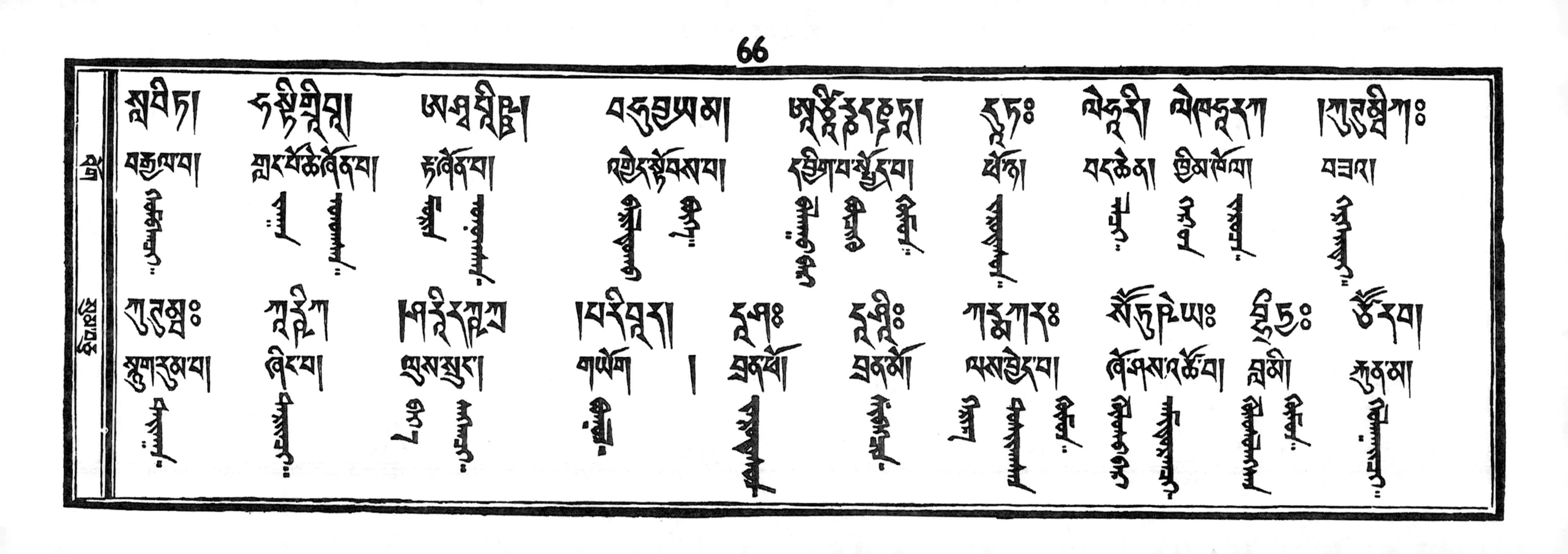

སྨཱ་ཡི་ཏཱ།	ཧ་སི་ཏ་ཧཱ་སྱ།	ཨ་བ་ཧ་སི་ཏཱ།	བ་ཧུ་བྷ་ཥ་ཎཱ།	ཨུཏ་ཀཎྛ་ཀཎྜ།	སྣ་ཏཿ	ལེ་ཀྵི	ལེ་ཁ་ཏ་ར་ཀ	།ཀུ་ཊུམྦི་ཀཿ
བཀྲལ་བ།	སྐད་པོ་ཆེར་འོན་པ།	ཧ་རྒོད་པ།	འཁྲེལ་སྐྱོན་བཤགས་པ།	དབྲིག་པ་སྒྲུབ་པ།	ཡོན་ཏན།	བདེ་ཆེན།	ཁྲིམས་ཡིག	བཟའ་བ།
[illegible]	[illegible]	[illegible]	[illegible]	[illegible]	[illegible]	[illegible]	[illegible]	[illegible]

ཀུ་ཊུམྦཿ	ཀྲྀ་ཥཱི།	།ཤི་རི་ཀྵཱ་ར	།པ་རི་བྲ་ར།	དཱ་སཿ	དཱ་སཱིཿ	ཀརྨ་ཀ་རཿ	སཱཾ་ཧྲ་ཎཱི་ཡཿ	བྷྲྀ་ཏཿ	ཙཽ་ར་བ།
སྐུག་རྩམ་པ།	ཞིང་པ།	ལུས་སྲུང་།	གཡོག །	བྲན་པོ།	བྲན་མོ།	ལས་བྱེད་པ།	ཞེ་ཤས་འཚོ་བ།	གླ་མི།	རྐུན་མ།
[illegible]	[illegible]	[illegible]	[illegible]	[illegible]	[illegible]	[illegible]	[illegible]	[illegible]	[illegible]

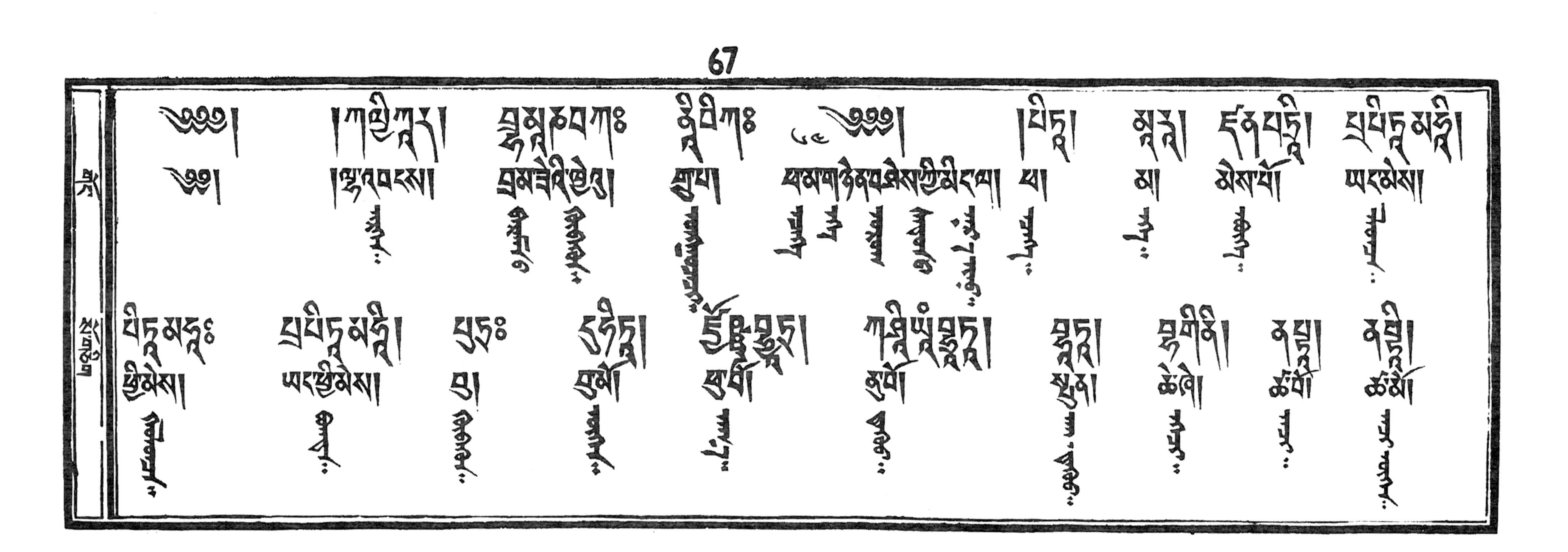

༄༅།	།ཀཱ་ཤྱ་ཀཱ་ར།	ཛྙཱ་ན་ཙ་བ་ཀཿ	ཏྲཻ་པི་ཀཿ	༨༩ ༄༅།	།པི་ཏྲ།	མཱ་ཏྲ།	ཛཱ་ན་པ་དཱི།	པྲ་པི་ཏ་མ་ཧཱ།
༄།	།ལྷ་ནས་བབས།	བྲམ་ཟེའི་ཕྲེང་།	སྣོད།	ཕམ་པ་ཅེ་ནས་བཞེངས་ཀྱི་མིང་ལ།	ཕ།	མ།	མེས་པོ།	ཡང་མེས།

པི་ཏྲ་མཧཿ	པྲ་པི་ཏྲ་མ་ཧཱ།	པུ་ཏྲཿ	དུ་ཧི་ཏྲཱ།	ཛྱེ་ཥྛ་བྷྲཱ་ཏྲ།	ཀ་ནི་ཥྛ་བྷྲཱ་ཏྲ།	བྷྲཱ་ཏྲ།	བྷ་གི་ནི།	ན་པྟཱ།	ན་པྟྲཱི།
ཕྱི་མེས།	ཡང་ཕྱི་མེས།	བུ།	བུ་མོ།	ཕུ་བོ།	ནུ་བོ།	སྤུན།	ཆེ་ཞེ།	ཚ་བོ།	ཚ་མོ།

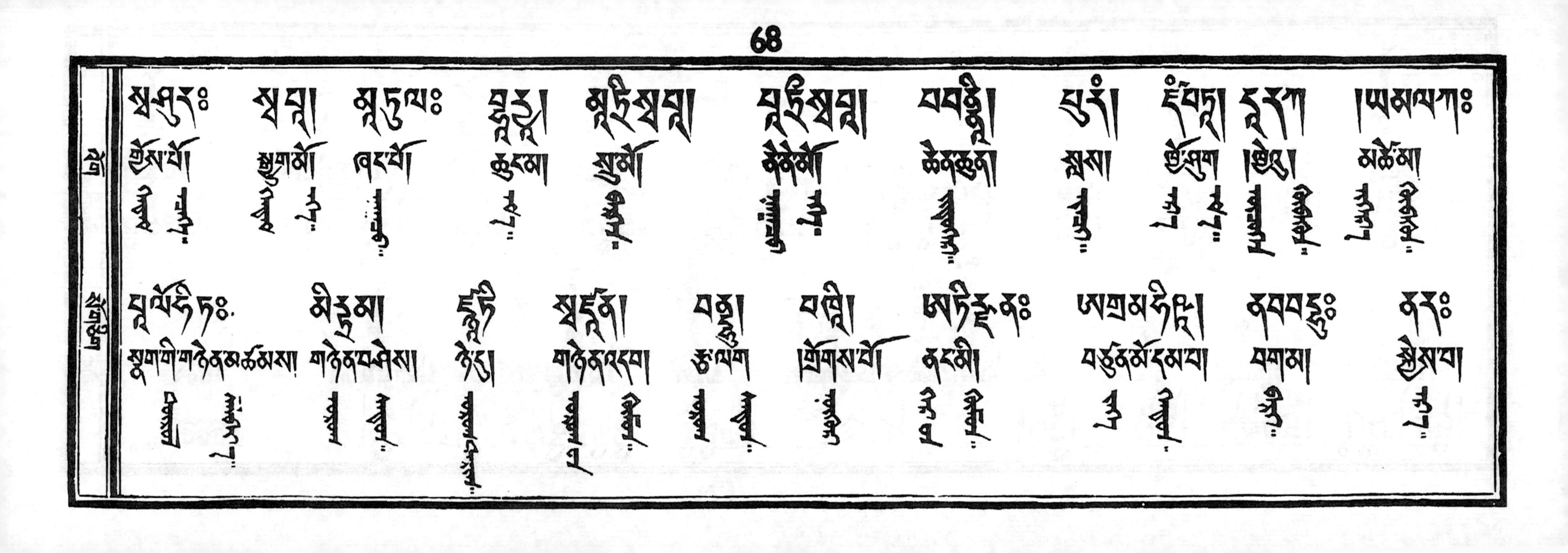

ཀྲི

སྤ་ཤུ་རཿ	གྲེམ་པོ།
སྤ་ཊྭ།	སྤྲུག་མོ།
མྲྀ་དུ་ལཿ	ཤང་པོ།
ཛྙཱ་ཊྲ།	ཚུང་མ།
སྨྲི་ཥྛ་སྤ་ཤ།	སྨུག་མོ།
ཀྲྀ་ཥྛ་སྤ་ཤ།	ཆེ་ཆེ་མོ།
པ་པ་ཎྜི།	ཆེ་བརྒྱུད།
ཀྲཱུ་རཾ།	སྐྱས།
ཧཾ་བྷདྲ།	ཕྱེ་སྤུག
ཀྵ་ར་ཀ	ཕྱེ་ཝ།
ཡ་མ་ལ་ཀཿ	མཚེ་མ།

བརྒྱད་ཅུ

སྭཱ་ལོ་ཧི་ཏཿ	སྨུག་གི་གཉེན་མཚམས།
མི་ཏྲ་མ།	གཉེན་བཤེས།
ཛྙཱ་ཏི	ཉེ་དུ།
སྭ་ཛ་ན།	གཉེན་འདབ།
བནྡྷུ།	ཆ་ལག
བ་ཎྜི།	གྲོགས་པོ།
ཨ་རི་ཧུ་ནཿ	ནང་མི།
ཨ་ཏྲ་ཏི་ཧྥ།	བརྒྱུད་མོ་དམ་པ།
ན་བ་ཛ་ཧྭཿ	བགམ།
ན་རཿ	སྐྱེས་པ།

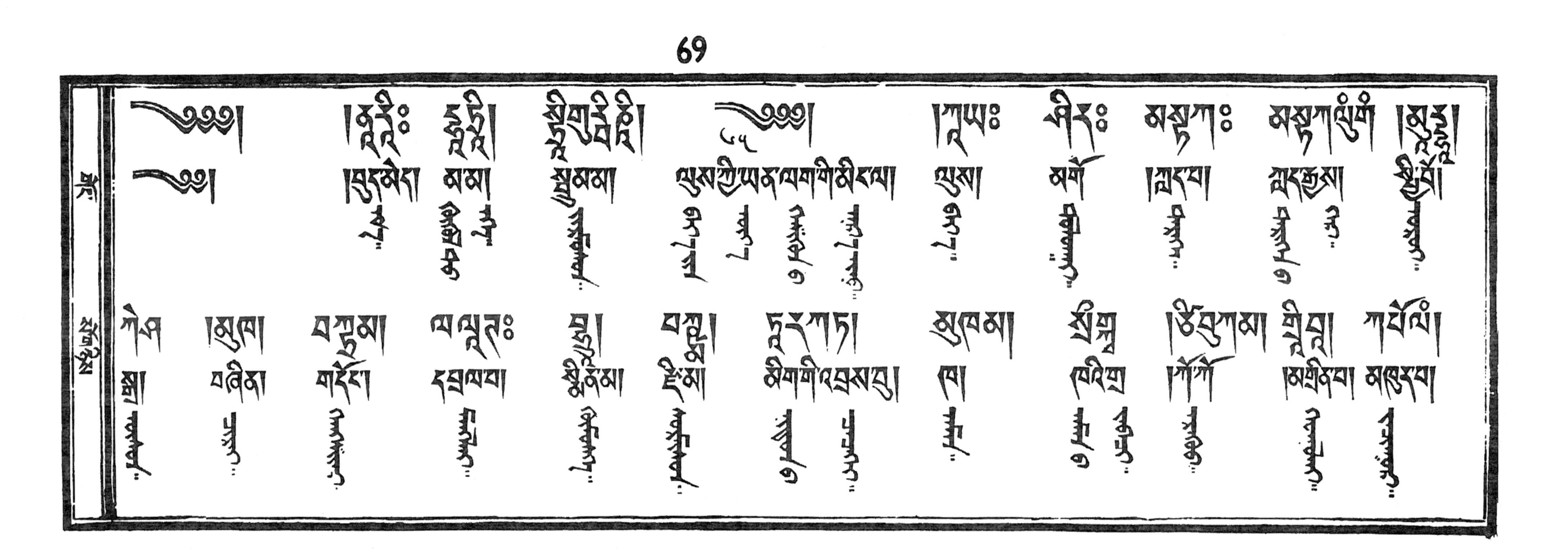

༄༅༅། ।ནྲྀ་ཏྱཿ ནྲྀ་ཏྱ། སྨི་ཏ་བི་ཏི། ༄༅༅། ।ཀཱ་ཡཿ ཤཱི་རཿ མ་སྨྲ་ཀཿ མ་སྨྲ་ཀ་ལྀཾ་ཤཾ ।སྣཱ་ཡུ།

༄༅། ।གྲུ་མེད། མས། སྤྲུ་མས། ལུས་ཀྱི་ཡན་ལག་གི་མིང་ལ། ལུས། མགོ ।ཤྭ་དང་བ། ཤྭ་དང་རྒྱུས། སྤྱི་བོ།

ཀེ་ཤ ।མུ་ཁ། བ་སྡྲུ་མ། ལ་ལཱ་ཊཿ བྷྲུ། བསྣུ། དུ་ར་ཀཱ་ད། སྲུ་ཁ་མ། ཤྲི་ཤྣུ ।ཙྪེ་དུ་ཀཱ་མ། གྲཱི་བཱ། ཀ་པོ་ལཾ།

སྐྲ། བཞིན། གདོང་། དཔྲལ་བ། སྨིན་མ། ཧྲི་མ། མིག་གི་འབྲས་བུ། ཁ། ཁའི་གྲྭ ।གོ་གོ ।མགྲིན་པ། མཁུར་བ།

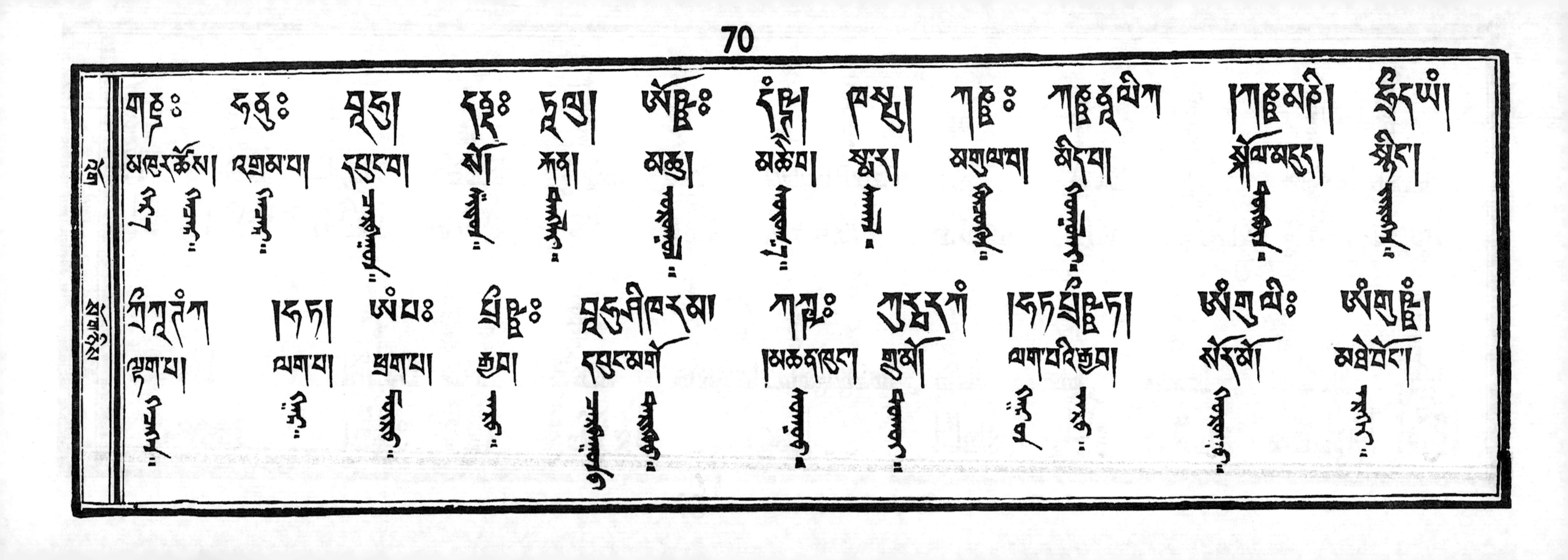

ག་ཎྜཿ	མཁུར་ཚོས།	[illegible]
ཧ་ནུཿ	འགྲམ་པ།	[illegible]
སྨ་ཤྲུ།	རྒྱུང་བ།	[illegible]
དནྟཿ	སོ།	[illegible]
ཏཱ་ལུ།	རྐན།	[illegible]
ཨོཥྛཿ	མཆུ།	[illegible]
དཾཥྚྲཱ།	མཆེ་བ།	[illegible]
ཛི་ཧྭཱ།	ལྕེ།	[illegible]
ཀཎྛཿ	མགྲིན་པ།	[illegible]
ཀཎྛ་ནཱ་ལི་ཀ	མིད་པ།	[illegible]
།ཀཎྛ་མ་ཎི།	སྐྱོལ་མདུད།	[illegible]
ཧྲྀ་ད་ཡཾ།	སྙིང་།	[illegible]
ཀྵ་ཏྲཾ་ཀ	ལྷག་པ།	[illegible]
།ཧ་ད།	ལག་པ།	[illegible]
ཨཾ་སཿ	ཕྲག་པ།	[illegible]
པྲྀཥྛཿ	རྒྱབ།	[illegible]
སྐནྡྷ་བཱི་ཁ་རམ།	དཔུང་མགོ	[illegible]
ཀཀྵཿ	།མཆན་ཁུང་།	[illegible]
ཀཱུ་རྤ་རཾ	གྲུ་མོ།	[illegible]
།ཧ་ད་པྲ་ཀོཥྛ།	ལག་པའི་རྒྱབ།	[illegible]
ཨཾ་གུ་ལིཿ	སོར་མོ།	[illegible]
ཨཾ་གུ་ཥྛཿ།	མཐེ་བོང་།	[illegible]

༄༅། །འཛུབ་མོ། གུང་མོ། སྲིན་ལག །མཐེ་ཆུང་། ཡུ་ཆུང་། ཐལ་ལྕགས། སེན་མོ། ལག་མཐིལ། ཚིགས།

རྐུ་པ། ཕྲག་པ། ཤ། བྲང་། ནུ་མ། སྙིང་ག། ལྟོ། ལྟེ་བ། ལྟེ་འོག། འདོམས། རྐེད་པ།

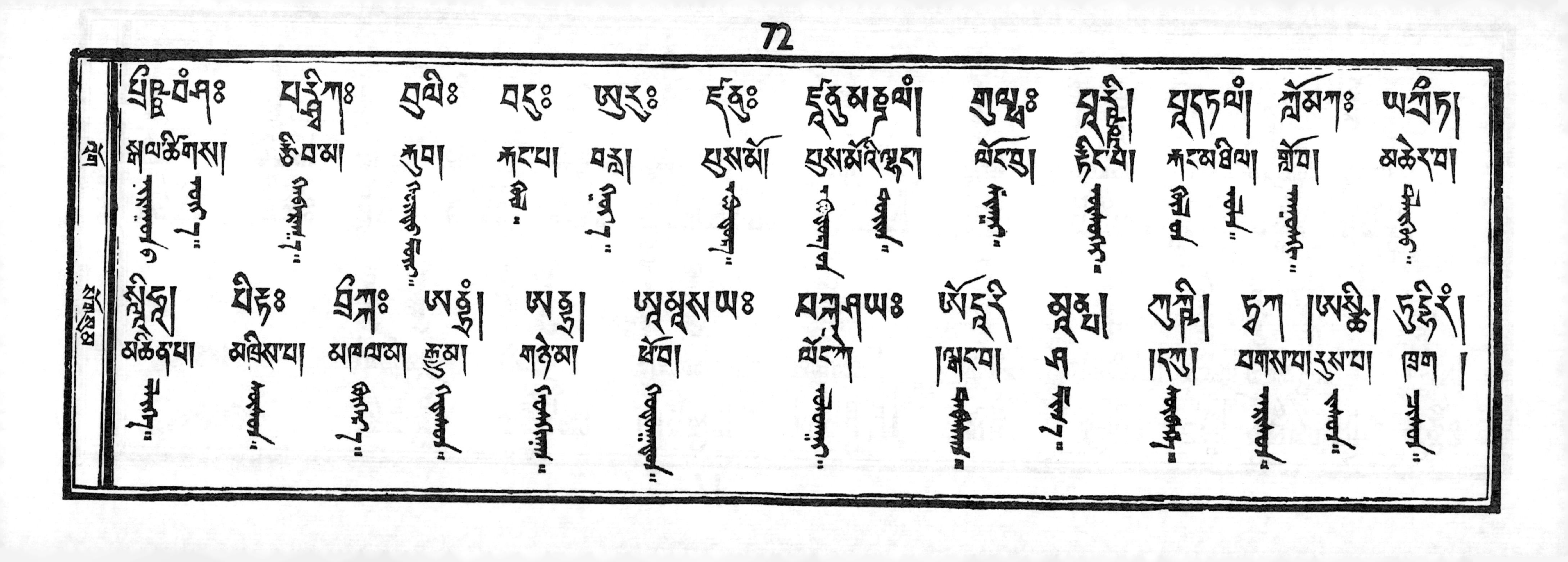

ཕྲྀཥྛ་བཾ་ཤཿ	པཱ་རྴྭ་ཀཿ	ཏྲུ་ཊིཿ	ཛཾ་གྷཿ	ཨཱུ་རུཿ	ཛཱ་ནུཿ	ཛཱ་ནུ་མཎྜ་ལཾ།	གུལྥཿ	པཱརྵྞི།	པཱ་ད་ཏ་ལཾ།	ཀློ་མ་ཀཿ	ཡ་ཀྲྀཏ།
སྒལ་ཚིགས།	རྩིབ་མ།	ཀྱུ་བ།	རྐང་པ།	བརླ།	པུས་མོ།	པུས་མོའི་ལྷ་ང་།	ལོང་བུ།	རྟིང་པ།	རྐང་མཐིལ།	གློ་བ།	མཆིན་པ།

སྤླཱི་ཧཱ།	པི་ཏྟཿ	ཝྲྀཀྐཿ	ཨནྟྲཾ།	ཨནྟྲ།	ཨཱ་མཱ་ཤ་ཡཿ	པཀྐཱ་ཤ་ཡཿ	ཨོཥྛཱི	སྣཱ་ཡུ།	ཀཎྛཿ	ཏྭཀ	ཨསྠི།	ཏུ་ཧི་རཾ།
མཆེར་པ།	མཁྲིས་པ།	མཁལ་མ།	རྒྱུ་མ།	གཉེ་མ།	ཕོ་བ།	ལོང་ཀ།		རྒྱུས་པ།	ལྐོག་མ།	པགས་པ།	རུས་པ།	ཁྲག

ཀ།

༄༅༅། །མཉྫུ། དྷརྨསྤྲིཾ། ཨབྷྲམ། བྲཧྨྨ། གཱཛྷཿ པདྨ། མེདཿ སྲུཡཨ། སིཾཧྣ། ཁེད ཌིཌྷི།

༄༅། །ཀྲང་། ཀྱིལ། ཨནཡབ། །ཤིརཡག། །མངལ། ཞག །ཚིལ། ཟག །སྣབས། མཆིཡམ།པང་གན།

ཕྱི།

དྷརྨཡཨ། ལཔིཀྣ། ཨསྲ། ཙཀྲུནྨཡཾ། ཙམཔ། རོམ། རོམཀུཔ། གཱནྡམལཾ། སྭེདཿ ཤྩེཀྣ། དེཀྣ། པིཛྫ།

སོ་སྨྲག །རྒྱ་སེར། མཆིམ། རྒྱུམ། རྣགལ། སྤུ། བ་སྤུའི་ཁུང་བུ། རྣ་སྣབས། རྔུལ། སྐྱིད་པ། སྐྱིག་བུ། གླལ་བ།

དྲིས། སྨེ་བ། གཅིན། ཕྲིས། གཅེར་མ། མི་ཁོམ་པ་བརྒྱད་ཀྱི་མིང་ལ། དམྱལ་བ། དུད་འགྲོ། ཡི་དྭགས། ལྷ་ཚེ་རིང་པོ། མཐའ་འཁོབ་ཀྱི་མི།

དབང་པོ་མ་ཚང་བ། ལོག་པར་ལྟ་བ། དེ་བཞིན་གཤེགས་པ་རྣམས་མ་བྱུང་བ། རྩ་ཉོན་དྲུག་གི་མིང་ལ། འདོད་ཆགས། ཁོང་ཁྲོ། ང་རྒྱལ། མ་རིག་པ། ལྟ་བ།

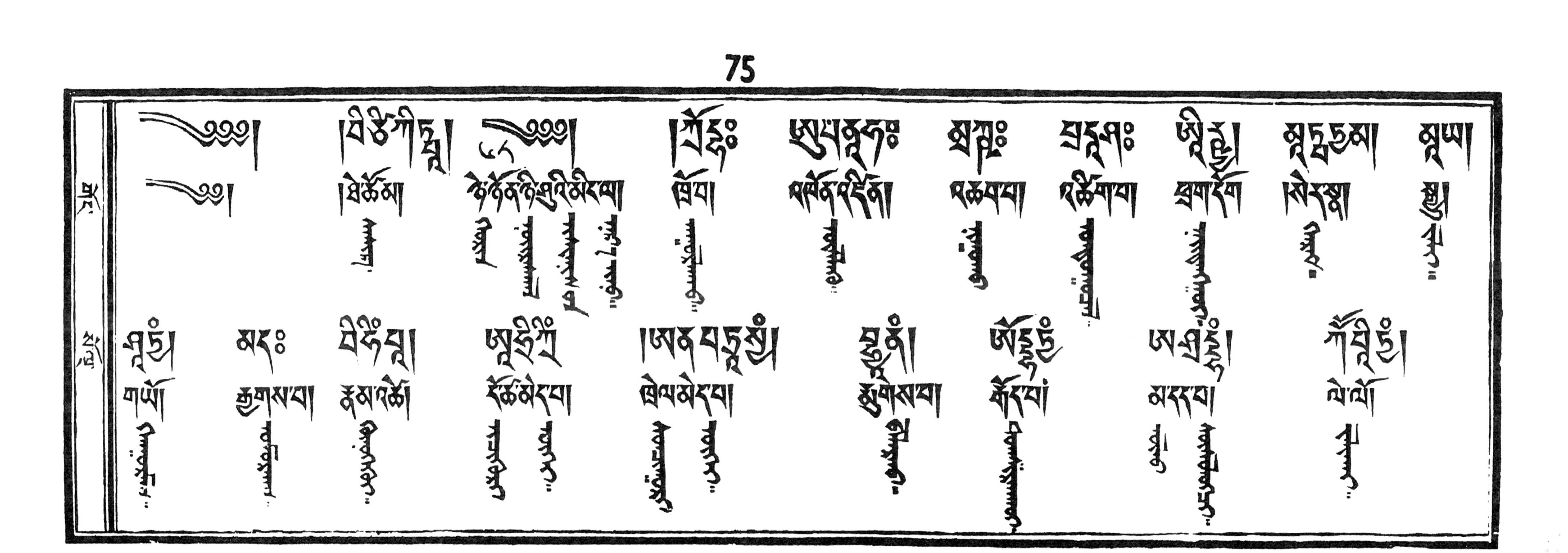

༄༅། ཕྱེ་ཚོམ། རྗེ་ཉིད་ཀྱི་ཕྲུ་ཐི་མེ་ཏོག། ཁྲིབ། བསོད་འཛིན། བཅས་པ། འཆིགས་པ། སྒྲུབ་དགོས། སེ་རྒྱ། སྟུག།

ཀ་ཡོ། རྒྱུགས་པ། ཉམ་ང་ཚོ། རོ་ཚ་མེད་པ། ཁྲེལ་མེད་པ། རྫུགས་པ། རྒོད་པ། མདར་བ། ལེ་ལོ།

པྲ་མཱ་དཿ	བག་མེད་པ།
མུ་ཥི་ཏ་སྨྲྀ་ཏི་ཏཱ།	བརྗེད་པ།
བཀྵེ་པཿ	རྣམ་གཡེང་།
ཨ་སམ་པྲ་ཛནྱཾ།	ཤེས་བཞིན་མིན་པ།

ཕྱོགས་མཚམས་ཀྱི་མིང་ལ།

དིཀ	ཕྱོགས།
པཱུརྦ།	ཤར།
དཀྵི་ཎ།	ལྷོ།
པ་ཤྩི་མ།	ནུབ།
ཨུཏྟ་རཿ	བྱང་།
པཱུརྦ་དཀྵི་ཎ།	ཤར་ལྷོ།
དཀྵི་ཎ་པ་ཤྩི་མ།	ལྷོ་ནུབ།
པ་ཤྩི་མོཏྟ་རཾ།	ནུབ་བྱང་།
ཨུཏྟ་ར་པཱུརྦ།	བྱང་ཤར།

༄༅༅། ། ཨཱུརྡྷྭ། ཨ་དྷཿ། ཨཻ་ཤཱ་ནཱི། ཨཱགྣེ་ཡཱི། ཝཱ་ཡ་བཱི། ནཻ་ཪྀ་ཏཱི། ཨཻནྡྲཱི། ཡཱམྱཱ།

༄༅། །སྟེང་། འོག །དབང་ལྡན་ཕྱོགས་ས། མེ་ལྷའི་ཕྱོགས་ས། རླུང་ལྷའི་ཕྱོགས་ས། བདེན་བྲལ་ཕྱོགས་ས། དབང་པོའི་ཕྱོགས་ས། གཤིན་རྗེའི་ཕྱོགས་ས།

ཝཱ་རུ་ཎཱི། ཀཽ་བེ་རཱི། ༧༠ ༄༅༅། །ཨཱ་ཡཱ་མཿ བིཥྐམྦྷཿ། བིསྟཱ་རཿ དཻ་རྒྷྱཾ། ཨཱ་རོ་ཧ་པ་རི་ཎཱ་ཧ་སམུཙྩ་ཏྭཿ

ཆུ་ལྷའི་ཕྱོགས། ལུས་ངན་ཕྱོགས་ས། ཆེ་ཆུང་དང་དང་མཐོ་དམན་གྱི་མིང་ལ། ཆུར། ཞེང་དུ་བའམ་སྦོམས་སུ། ཞེང་དུ་བའམ་རྒྱར། སྲིད་དུ། ཆུ་དང་ཞེང་དུ་ལྡན་པ།

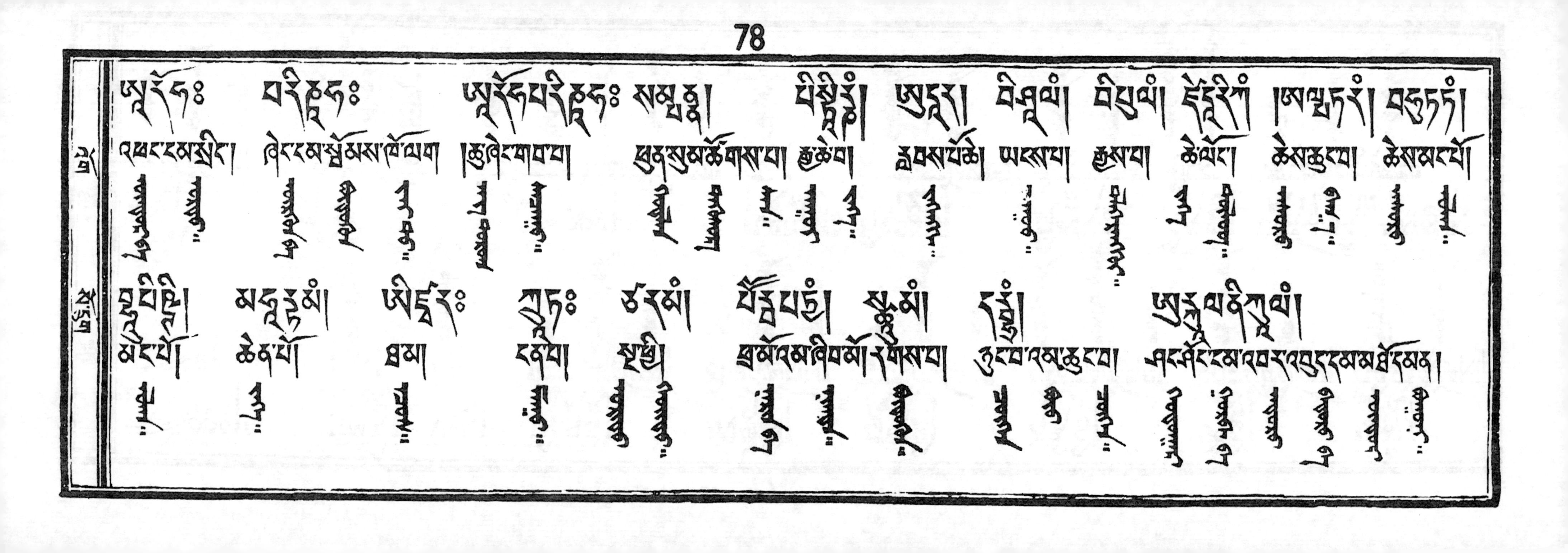

ཨཱ་རོ་ཧཿ པ་རི་ཎཱ་ཧཿ ཨཱ་རོ་ཧ་པ་རི་ཎཱ་ཧཿ སམྤནྣ། ཝི་སྟཱིརྞཾ། ཨུ་དཱ་ར། ཝི་ཤཱ་ལཾ། ཝི་པུ་ལཾ། ཛརྫ་རཱི་ཀཾ །ཨལྤ་ཏ་རཾ། བ་ཧུ་ཏ་རཾ།

འཕང་དམ་སྲིད། ཞེང་དམ་སྦོམ་ས་ཁོ་ལག །ཆུ་ཞེང་གབ་པ། ཕུན་སུམ་ཚོགས་པ། རྒྱ་ཆེ་བ། རླབས་པོ་ཆེ། ཡངས་པ། རྒྱས་པ། ཆེ་ལོང་། ཆེས་ཆུང་བ། ཆེས་མང་པོ།

སྠཱ་བི་ཥྛཾ། མ་ཧཱ་ནྟཾ། ཨི་ཥ་ཏཿ ཀྲྀ་ཤཿ ཙ་ར་མཾ། པཱུརྦ་པ་ཀཾ། སཱུཀྵྨཾ། དཱིརྒྷཾ། ཨ་ཎུ་ལ་ཏི་ཀཱུ་ལཾ།

མང་པོ། ཆེན་པོ། ཐམ། ངལ་བ། ཕྱི་མ། ཕྲ་མོ་དམ་ཞིབ་མོ་རྟོགས་པ། ཕྲ་བ་དམ་ཆུང་བ། ཤིན་ཏུ་ཕྲ་ཞིང་རབ་ཏུ་འབྲུ་དམ་མ་ཐོ་དམ།

ཀཱ། ཡེ་ཧི་ཀྲྀ་ཏ། ཨ་ཤ་ཏཿ བ་ཧཱུ་བྲིཧྨི། ཤྲཱིཿ མི་ག་ཡཱ། ཀ་ལ་ཎ་ཡཱ།

དགེ་བ་དང་ཤེས་པ་འདི་མི་དགའ། ཤེས་པ་ར་བ་ཧཻ་དགའ། ལེགས་པ་སྤྲུལ་སྨོན་པ། བསྡུགས་བསྒྲུབ། དཔལ་ལྡན་མགོན་ཡང་། བཀྲ་ཤིས་པ་མ་རྒྱས། དགེ་མཚན་ཉམ་རྒྱ་མཚོ།

སུ་ཤ་སྭཿ སྭ་སྟི། སུ་སྭཱ་ཡ་ནཾ། སྲུ་ཏྲ། ཀུ་བ་ཡཱ། བ་ཀྟ། ཨོཾ། སུ་རྡྷ།

དགེས་ཤིག། །བདེ་ལེགས་པས་མ་དགེ་བ། བདེ་ལེགས་པས་སྟུ་ཧུ་ར་བ། ལེགས་པ། མཁས་པ། གཞི་མི་འགྲིབ་པ། རབ་བསྔགས། གཞི་རྒྱུགས།